U0536680

思想道德修养与法律
基础专题式金课教学设计

陈若松 江 轶 陈艳飞 编著

中国书籍出版社
China Book Press

光明日报出版社

图书在版编目（CIP）数据

思想道德修养与法律基础专题式金课教学设计/陈若松，江轶，陈艳飞编著.—北京：中国书籍出版社：光明日报出版社，2020.12
 ISBN 978-7-5068-8160-9

Ⅰ.①思… Ⅱ.①陈… ②江… ③陈… Ⅲ.①思想修养—教学设计—高等学校②法律—中国—教学设计—高等学校 Ⅳ.①G641.6②D920.4

中国版本图书馆 CIP 数据核字（2020）第 238671 号

思想道德修养与法律基础专题式金课教学设计

陈若松 江 轶 陈艳飞 编著

责任编辑	毕 磊
责任印制	孙马飞 马 芝
封面设计	中联华文
出版发行	中国书籍出版社 光明日报出版社
地 址	北京市丰台区三路居路 97 号（邮编：100073）
电 话	（010）52257143（总编室） （010）52257140（发行部）
电子邮箱	eo@chinabp.com.cn
经 销	全国新华书店
印 刷	三河市华东印刷有限公司
开 本	710 毫米×1000 毫米 1/16
字 数	222 千字
印 张	15
版 次	2020 年 12 月第 1 版 2020 年 12 月第 1 次印刷
书 号	ISBN 978-7-5068-8160-9
定 价	58.00 元

版权所有 翻印必究

目 录
CONTENTS

专题一：时代重托
　　——如何做担当民族复兴大任的时代新人 ················ 1
　一、认清新时代，肩负强国使命 ···························· 1
　二、立足新时代，提升复兴本领 ···························· 5

专题二：固本铸魂
　　——为何要开设"思想道德修养与法律基础" ············ 11
　一、有助于大学生培养正确的世界观、人生观和价值观 ······ 13
　二、有助于大学生培养正确的道德观和道德素养 ············ 15
　三、有助于大学生培养正确的法治观和法治素养 ············ 16

专题三：人性之谜
　　——如何认识人的本质 ·································· 18
　一、人是具有自然属性的高级动物 ························ 20
　二、人的类本质是人的自由自觉的活动 ···················· 21
　三、人的本质是一切社会关系的总和 ······················ 21

专题四：人生之辨
——如何正确认识人生观 ········· 23
一、人生目的 ········· 25
二、人生态度 ········· 26
三、人生价值 ········· 26

专题五：人生之求
——为何树立正确的人生观 ········· 28
一、确立科学高尚的人生追求 ········· 29
二、保持积极进取的人生态度 ········· 31
三、人生价值的科学评价与实现条件 ········· 33

专题六：青春无悔
——如何创造人生价值 ········· 38
一、科学应对人生的各种挑战 ········· 39
二、以青春之奋斗创造人生价值 ········· 45

专题七：精神之钙
——如何坚定理想信念放飞青春梦想 ········· 48
一、理想信念的内涵与特征 ········· 50
二、理想信念是精神之"钙" ········· 54
三、树立崇高科学的理想信念 ········· 56
三、在实现中国梦的实践中放飞青春梦想 ········· 71

专题八：复兴之魂
——为何实现中国梦必须弘扬中国精神 ········· 76
一、中国精神的历史底蕴 ········· 77
二、中国精神的内容构成 ········· 80

三、中国精神的时代价值 …………………………………… 83

专题九：家国情怀
　　——如何做新时代的忠诚爱国者 ………………………… 88
一、爱国主义的基本内涵 …………………………………… 89
二、新时代的爱国主义 ……………………………………… 92
三、做忠诚的爱国者 ………………………………………… 95

专题十：时代强音
　　——如何让改革创新成为青春远航的动力 …………… 100
一、创新创造是中华民族最深沉的禀赋 ………………… 100
二、改革创新是时代要求 ………………………………… 104
三、做改革创新的生力军 ………………………………… 106

专题十一：价值引领
　　——如何培育和践行社会主义核心价值观 …………… 110
一、社会主义核心价值观的主要内容 …………………… 111
二、当代中国发展进步的精神指引 ……………………… 115
三、坚定价值观自信 ……………………………………… 119
四、做社会主义核心价值观的积极践行者 ……………… 122

专题十二：德性之思
　　——如何理解道德的起源、本质和功能 ……………… 127
一、道德的起源 …………………………………………… 128
二、道德的本质与特征 …………………………………… 132
三、道德的功能与作用 …………………………………… 139
四、道德的变化发展 ……………………………………… 144

3

专题十三：传鉴之道
——如何吸收借鉴优秀道德成果 ······ 146
一、传承中华传统美德 ······ 147
二、发扬中国革命道德 ······ 151
三、借鉴人类文明优秀道德成果 ······ 153

专题十四：崇德向善
——大学生如何自觉做到明大德守公德严私德 ······ 155
一、坚守社会主义道德的核心与原则 ······ 156
二、公共道德、职业道德、家庭美德、个人品德 ······ 159
三、投身道德实践 ······ 184

专题十五：法律之门
——如何把握社会主义法律的本质和运行机制 ······ 189
一、社会主义法律的本质与特征 ······ 189
二、社会主义法律的运行 ······ 192

专题十六：治国之器
——如何完善和发展中国特色社会主义法律体系 ······ 195
一、宪法是国家的根本法 ······ 195
二、我国的实体法律部门和程序法律部门 ······ 198

专题十七：法治之路
——如何建设中国特色社会主义法治体系 ······ 201
一、建设中国特色社会主义法治体系的重大意义 ······ 202
二、建设中国特色社会主义法治体系的主要内容 ······ 203
三、全面依法治国的基本格局 ······ 204
四、坚持走中国特色社会主义法治道路 ······ 206

专题十八：法治之思
　　——如何培养社会主义法治思维 …………………… 210
　一、法治思维及其培养 ………………………………… 211
　二、尊重和维护法律权威 ……………………………… 214

专题十九：守法之道
　　——如何正确依法行使权利和履行义务 …………… 218
　一、法律权利与法律义务 ……………………………… 219
　二、依法行使法律权利 ………………………………… 222
　三、依法履行法律义务 ………………………………… 225

后　记 ……………………………………………………… 228

专题一：时代重托
——如何做担当民族复兴大任的时代新人

【教学目的】通过本专题学习，让大学生认清新时代的内涵与意义，自觉肩负起新时代所赋予的实现中华民族伟大复兴的历史使命；作为时代新人必须全面提升思想素质和法律素养，做有理想有本领有担当的时代新人。

【教学重点】认清新时代的内涵及其意义，明确新时代所赋予的历史使命和时代新人应具备的综合素质，争做有理想有本领有担当的时代新人。

【教学难点】让大学生明白融入新时代，必须全面提升思想素质和法律素养，争做有理想有本领有担当的时代新人。

【教学方法】采用线上线下混合式教学，以播放视频《新时代》为切入点，让学生感性地理解新时代的内涵和意义，明确时代新人的历史使命；通过案例、典故、数据，从时代新人担当要求来引导学生全面提升综合素养，学会融入新时代，明确新目标，独立自主开启大学生活的新征程。

【教学元素】经典语录、调查数据、典型案例、历史典故、视频资源。

【课堂讲授】

一、认清新时代，肩负强国使命

放眼全球，环视中国，这是一个什么样的时代？

习近平总书记强调："经过长期努力，中国特色社会主义进入了新时代，

1

这是我国发展新的历史方位。"①"放眼世界，我们面对的是百年未有之大变局"，"当今世界正处于大发展大变革大调整时期"。我们要从百年未有之大变局中把握机遇，认清当今中国发展的新时代，肩负强国使命。

新时代是青年学生成长成才、成就事业、不容辜负的好时代。当代大学生，你们的青春遇上这个伟大的时代，你们必须理解这个新时代、拥抱新时代、融入新时代，肩负这个时代所赋予的历史使命。

请观看视频：《新时代》。

(一) 认清新时代，理解当今大学生所处的历史方位

什么是新时代？怎样读懂新时代？

(观看视频《新时代》后，教师立即在线上发布了对此问题进行讨论的公告，5分钟后现场抽取4名学生分享自己对此问题的看法)

当今大学生读懂新时代，必须明白新时代的意义和内涵，才能理解自身所处的历史方位。

首先，要明确新时代的意义。

中国特色社会主义进入了新时代，意味着近代以来久经磨难的中华民族迎来了从站起来、富起来到强起来的伟大飞跃，迎来了实现中华民族伟大复兴的光明前景；意味着科学社会主义在二十一世纪的中国焕发出强大的生机活力，在世界上高高举起了中国特色社会主义伟大旗帜；意味着中国特色社会主义道路、理论、制度、文化不断发展，拓展了发展中国家走向现代化的途径，给世界上那些既希望加快发展又希望保持自身独立性的国家和民族提供了全新选择，为解决人类问题贡献了中国智慧和中国方案。

其次，要明确新时代的内涵。

这个新时代，是承前启后、继往开来、在新的历史条件下继续夺取中国特色社会主义伟大胜利的时代；是决胜全面建成小康社会、进而全面建设社会主义现代化强国的时代；是全国各族人民团结奋斗、不断创造美好生活、

---

① 本书编写组. 党的十九大报告学习辅导百问［M］. 北京：党建读物出版社，2017：8.

逐步实现全体人民共同富裕的时代；是全体中华儿女勠力同心、奋力实现中华民族伟大复兴中国梦的时代；是我国日益走近世界舞台中央、不断为人类做出更大贡献的时代。

（二）融入新时代——肩负新时代所赋予的强国使命

身处新时代，我们该如何确立新目标，开启新征程？

马克思说过："作为确定的人，现实的人，你就有规定，就有使命，就有任务，至于你是否意识到这一点，那都是无所谓的。这个任务是由于你的需要及其与现存世界的联系而产生的。"①

李大钊在《青春》一文中说过，青年人"进前而勿顾后，背黑暗而向光明，为世界进文明，为人类造幸福，以青春之我，创造着青春之家庭，青春之国家，青春之地球，青春之宇宙，资以乐其无涯之生，乘风破浪，迢迢乎远矣。"一代青年的梦想必将成为中国梦中的核心组成，成为国家富强、人民幸福的强大动力！

1835年，17岁的马克思在高中毕业论文中充满激情地写道："如果我们选择了最能为人类福祉而献身的职业，那么，我们就不会被它的重负所压倒，因为这是为人类而献身！我们的幸福将属于千百万人。"

中国特色社会主义进入新时代，我们比历史上任何时期都更接近中华民族伟大复兴的目标，比历史上任何时期都更有信心更有能力实现这个目标。中国梦就是中华民族伟大复兴的形象表达，本质上是指国家富强、民族振兴、人民幸福。中国梦是历史的现实的，也是未来的；是国家的民族的，也是每一个中国人的，中国梦与世界各国人民的美好梦想同频共振。

在实现中华民族复兴梦想的伟大进程中，青年不懈追求的梦想始终与振兴中华的责任担当紧密相连。

革命战争年代青年人抛头颅、洒热血，涌现出了像夏明翰、毛楚雄、陈树湘这样为革命牺牲的英雄，开辟了中国革命之路。

---

① 马克思，恩格斯.马克思恩格斯全集：第3卷［M］.北京：人民出版社，1960：329.

和平建设年代广大青年响应党的号召，雷锋、董加耕等一大批先进青年在新中国的广阔天地忘我劳动、艰苦创业，探索了中国建设之路。

改革开放年代广大青年发出"团结起来、振兴中华"的时代强音，刘勇、马斌、郭明义等一大批有志青年书写着致富之路。

请同学们看3个案例：

2010年10月1日18时59分，我国第二颗月球探测卫星"嫦娥二号"成功发射。2010年12月，34岁的北京航天飞行控制中心青年科技专家刘勇被共青团中央授予"全国五四青年奖章"，以表彰他在航天飞行控制方面的重要贡献。

马斌，江苏省南通市神马电力科技有限公司董事长，1996年创办神马电力科技有限公司。依靠自主创新，打破国际垄断，带领团队研发出填补国内空白的输变电橡胶件及填补国际空白的电站复合绝缘子，解决了长期以来电力行业中密封、绝缘等方面难题，每年为国家减少上百亿元事故损失，节约数百亿元工程建设和维护费用，有力支撑了国家"十一五"重大工程——特高压输变电工程建设。

郭明义，新时期实践雷锋精神的优秀代表，感动中国2010年度人物。他总看别人还需要什么，总问自己还能多做些什么。他捐出的每一枚硬币，每一滴血都滚烫火热。他越平凡，越发不凡；越简单，越彰显简单的伟大。

新时代是实现中国梦的时代，是一个有盼头、有奔头、大有可为的时代，是一个需要拼搏、需要智慧、需要正能量的时代，是奋斗者的时代，需要青年学子不断为中国梦的实现接力奋斗。

实现中华民族伟大复兴的中国梦，是全体人民共同的伟大事业，传统习惯的单打独斗将无法完成，需要的是人民大众的切实普遍参与。因此，青年学子正当新时代，必须借力于这个伟大的时代，深学细照笃行，自觉忠诚担当，尽情奋斗，成就美好人生，创造美好时代！

荀子说过："君子生非异也，善假于物也。"（《荀子·劝学》）

习近平总书记说："生活在我们伟大祖国和伟大时代的中国人民，共同享有梦想成真的机会，共同享有同中国和时代一起成长与进步的机会。"①

此刻起，凡是过往、皆为序章。借力新时代，创造美好人生，数风流人物，还看今朝！

读懂新时代，关键是认识自己，找准自己的定位，肩负起新时代所赋予的历史使命，把个人梦和中国梦融为一体，创造自己精彩的人生。

2017年28岁的成都电子科技大学刘明侦教授、博士生导师，在全校新生开学典礼上无限感慨：所谓命好，就是真诚地"感谢自己遇上好的时代"。她领衔研发的钙钛矿太阳电池的事迹刷爆了朋友圈，网友纷纷点赞："一路走来，你足够幸运，也足够努力。"她的事迹验证了一个人生哲理："命是弱者的借口，运是强者的谦辞。"

著名教育家浙江大学竺可桢老校长对各位学子语重心长："我们人生的目的是在能服务，而不在享受。"

二、立足新时代，提升复兴本领

习近平总书记说过："青年兴则国家兴，青年强则国家强。青年一代有理想、有本领、有担当，国家就有前途，民族就有希望。"②

（插播歌曲《少年中国说》）

一个民族的伟大复兴，不是一个人、不是少数人能完成的，需要汇聚14亿人民群众的智慧和力量。中国梦需要依靠我们这一代，更要依靠我们的下一代。

新时代是有理想、有本领、有担当的青年学子逐梦与圆梦的时代；青年大学生要以民族复兴为己任，借力新时代，在实现中国梦的实践中放飞青春梦想。

---

① 习近平. 习近平谈治国理政：第1卷 [M]. 1版. 北京：外文出版社，2018：40.
② 本书编写组. 党的十九大报告学习辅导百问 [M]. 北京：党建读物出版社，2017：55.

幸福是奋斗出来的，艰苦奋斗、无私奉献的人生才是最有价值的人生；我们在参与创造伟大时代的同时，也在创造自己的美好人生；祖国是个人成就的放大器，只有借时代之力才有机会实现自我突破。一个人的成长是伴随集体、社会和国家的发展而发展的，集体、社会和国家为每一个人提供了发展的机遇和条件。

（一）做有理想有本领有担当的时代新人

怎样迎接新时代？新时代需要什么样的新人？

请观看视频《我们做强国一代新人》。

（课中同学们利用智慧工具对此问题在讨论区发帖讨论，现场抽取3~5名学生分享自己的心得）

使命呼唤担当，使命引领未来。青年大学生要做到有理想、有本领、有担当，才能不辱使命，奋力实现中国梦。

1. 要有崇高的理想信念，牢记使命，自信自励

崇高的理想信念是人生的精神支柱和方向灯塔。青年人没有远大的理想、没有坚定的信念，就会迷失方向，丧失斗志。广大青年要志存高远、脚踏实地，积极投身中国特色社会主义伟大实践，并努力为之奋斗终生。

2. 要有高强的本领才干，勤奋学习，全面发展

青年人正处于学习的黄金时期，应该把学习作为首要任务，作为一种责任、一种精神追求、一种生活方式，树立梦想从学习开始、事业靠本领成就的观念，让勤奋学习成为青年远航的动力，让增长本领成为青春搏击的能量。

3. 要有天下兴亡、匹夫有责的担当精神，讲求奉献，实干进取

对于国家和民族而言，"空谈误国，实干兴邦"；对于个体人生而言，实干才能梦想成真。

习近平总书记说："行百里者半九十。中华民族伟大复兴，绝不是轻轻松松、敲锣打鼓就能实现的。"[1]

---

[1] 本书编写组. 党的十九大报告学习辅导百问[M]. 北京：党建读物出版社，2017：12.

(二) 全面提升思想道德素质与法治素养

1. 大学生自身修养更重要

新时代不是人才过剩，而是缺乏高素质的人才，实现中国梦更需要一大批具有综合素养的人才。

请看案例：2006 年 7 月，重庆理念科技产业有限公司招聘了 21 名大学生。但在随后不到 4 个月的时间里，该公司陆续开除了其中的 20 名本科生，仅仅留下了一名大专生。据该公司反映，这些大学生被开除的主要原因是他们的自身素质和道德素质不能胜任公司的人才需求。

2. 思想道德与法律

思想道德与法律，是调节人们思想行为、协调人际关系、维护社会秩序的重要手段，两者都是属于社会上层建筑的重要组成部分，共同服务于一定的经济基础。新时代坚持和发展中国特色社会主义，既要发挥道德的引领和教化作用，又要发挥法律的规范和强制作用。

3. 思想道德素质和法治素养

习近平在党的十九大报告中提出："人民有信仰，国家有力量，民族有希望。要提高人民思想觉悟、道德水准、文明素养，提高全社会文明程度。"[1]

思想道德素质和法治素养是人的基本素质，体现着人们协调各种关系、处理各种问题时所表现出的是非善恶判断能力和行为选择能力，是政治素养、道德品格和法律意识的综合体，决定着人们在日常生活中的行动目的、方向和尺度。

(三) 适应新环境，独立自主开启大学新生活

1. 适应学习要求的变化，实现学习方式革命

经过高考的"激战"，今天在座的各位新同学，已经跨入了大学的门槛，开始了新的学习生活。

---

[1] 本书编写组. 党的十九大报告学习辅导百问[M]. 北京：党建读物出版社，2017：34.

进入大学阶段必须学会四种交流：

一是学会与老师交流。大学之大不在大楼，而在于大师。清华大学老校长梅贻琦先生曾经说过："大学者，非谓有大楼之谓也，有大师之谓也。"一个人遇到好老师是人生的幸运，一个学校拥有好老师是学校的光荣，一个民族源源不断涌现出一批又一批好老师则是民族的希望。"道德文章，堪为师表"，支撑大学脊梁的应该是习近平总书记所说的"四有"好老师，即有理想信念、有道德情操、有扎实学识、有仁爱之心的好老师。读大学就是读懂好老师，既要学习好老师扎实的专业知识和技能，更要学习好老师的精神品质和良好的人格。

二是学会与同学交流。同学之间各有千秋，互相取长补短，形成相互交往的思维方式、文化和习俗的杂交优势，拓宽自己的视野和交流学习途径。孔子曰："三人行，必有我师。"要学习同学身上的优点，汇聚正能量，养成谦虚好学、不耻下问的优良品质。

三是学会与书本交流，广泛地多读书、多读好书、贮备知识、积累知识是培养个人能力形成的基础。读大学就是要读好书，读懂图书馆的好书和自己感兴趣的书。一个学生70%的课余学习时间应该在图书馆看书和与同学交流读书的心得体会。

四是学会与网络交流。网络是一把"双刃剑"，既可以成为学生学习、正常交流和健康娱乐的工具，又可以成为学生沉迷于游戏、毫无节制地娱乐和聊天的工具。互联网的迅猛发展给学生学习带来了新的挑战和机遇，新时代大学生应该珍惜青春年华，学会利用网络技术和互联网来获取自己所需要的信息和知识。

学习上要实现"四个转变"：

一是基础学习向系统专业学习转变，高中阶段主要是学习基础知识，大学阶段要在高中阶段的学习基础上，系统深入学习、掌握专业知识。社会上曾经流行所谓的大学阶段的学习是一种"解放"，这是一个误区，其实大学阶段学习要求更高、更难、更专、更细。

二是被动学习向主动学习转变。必须培养主动学习的精神、独立思考的思维，增强学习的自控能力，养成良好的线上线下自觉学习的习惯。

三是记忆型学习向创造型学习转变。引导学生由死记硬背为主向创造性学习转变，积极开展研究性学习和投身社会实践，养成问题式的学习方法。

四是应试学习向全面学习转变。不仅要学习科学文化知识，还要学会锻炼身体，更要学会做人，锤炼自己的政治素质、思想品质和法律素养，追求全面发展。

2013年湖南卫视《天天向上》栏目做了一期"大学校花"的节目，这些校花共同的特点，就是不仅人长得很漂亮，而且都勤奋好学，综合素质很高。

80后大学生文花枝毕业于湘潭大学，2019年入选了"新中国最美奋斗者"，她对最美奋斗者的独特诠释是：作为在校大学生，最美的奋斗，就是努力学习好科学文化知识，全面锻炼自己，提高综合素质；作为导游，最美的奋斗，就是在生死关头把生的希望留给游客，把最好的服务奉献给游客；作为湘潭市的旅游系统干部，最美的奋斗就是要让更多人感受"大美湘潭"。

2. 适应生活环境的变化，培养自理生活能力

三点一线校园生活循环模式经典批注："一只书包两只碗，教室寝室图书馆。"生活自理能力是大学生进入大学和走向社会必须学会的基本生存技能。新生远离父母，第二次"断乳"，即离开父母独立生活，必须培养独立自主生活的能力。

3. 适应社会活动的变化，正确处理好专业学习和社会活动的关系

美国的耶鲁大学、哈佛大学，中国的清华大学、北京大学等国内外著名的高等学府为全世界培养了许多高级的领导人才和管理人才，而这些成功人士有一个共同的特点，就是在校期间除了学习专业知识之外，都积极参加了校内的社团活动，而在这些社团活动中积累的经验和能力是他们走向社会的宝贵的财富。

总之，青年学子要借力新时代，争做新时代德才兼备的高素质人才，新时代高素质人才的标准是卓越的专业才能及高深的品德修行和法律素养。人才成长规律表明：要想成为卓越人才，必须付出常人难以承受的苦难和奋

斗，储备知识和正能量，全面发展。

【思考与讨论】

1. 你对新时代的内涵和意义怎么理解？联系实际谈谈自己的真实体会。

2. 大学阶段为什么既要读有字之书，又要读无字之书？你认为应该在哪些方面使自己得到锻炼？

3. 联系实际谈谈新时代需要什么样的新人？

4. 如何看待个人梦和中国梦的关系？

5. 你怎样理解"祖国是你个人成就的放大器"？

6. 学校社团招新你准备报名参加吗？为什么？谈谈自己真实的想法。

7. 请结合大学课程学习的实际情况，同高中阶段相比，有哪些变化？

【阅读文献】

1. 习近平．决胜全面建成小康社会　夺取新时代中国特色社会主义伟大胜利——在中国共产党第十九次全国代表大会上的报告［M］．北京：人民出版社，2017．

2. 江泽民．在庆祝清华大学建校九十周年大会上的讲话［N］．人民日报，2001-04-30．

3. 陈若松．现代创新教育导论［M］．长春：吉林人民出版社，2005．

4. 陈少华．我的大学我做主［M］．北京：中国财政经济出版社，2008．

专题二：固本铸魂
——为何要开设"思想道德修养与法律基础"

【教学目的】通过本专题学习，让大学生明确开设"思想道德修养与法律基础"的性质及其意义，增强学习的兴趣和动力，引导大学生全面提升自己的综合素质。

【教学重点】明确开设"思想道德修养与法律基础"课的意义，有利于帮助大学生认识到做人、立志、修身的道理，摆正德和才之间的位置，做到德才兼备，全面发展，做时代新人。

【教学难点】提高大学生对"思想道德修养与法律基础"课的意义的认识，达到师生共鸣程度，自觉地提升思想道德素质与法律素养。

【教学方法】采用线上线下混合式教学，以保尔·柯察金的名言和青年毛泽东成才经历为切入点，通过案例、典故、数据，从立德树人的要求，引导学生掌握成人成才规律。对大学生既要加强科学教育，又要强调人文教育，突出专业情趣和专业价值教育，培养学生的发展后劲，防止西方势力的和平演变，以此撞击学生的心扉，吸引学生的眼球，达到提高大学生对这门课的强烈兴趣，从而掌握修身的意义，立志做以民族复兴为己任的时代新人。

【教学元素】名人名言、调查研究数据、历史人物的成才经历、典型案例和脑科学最新研究成果。

【课堂讲授】

《钢铁是怎样炼成的》小说中的主人公——保尔·柯察金有段名言："人

最宝贵的东西是生命。生命属于我们只有一次。人的一生应该这样度过：回首往事，他不因虚度年华而悔恨，也不因过去碌碌无为而后悔——临死的时候，他能够说：我的一生和全部精力已献给了人类历史上最壮丽的事业——为人类的自由和解放而斗争。"（这段名言配音播放，或者请五个学生集体朗诵。）

请同学们思考：人活一世，究竟应该做什么样的人？怎样活着才有意义？

（教师此处在线上对此问题进行发帖讨论，同学们对此问题进行回帖和互动，现场抽取2~5名学生分享自己的看法）

给青年毛泽东印象最深的老师是杨昌济，毛泽东曾这样评价杨昌济："努力鼓励学生立志做一个公平正直，品德高尚和有益于社会的人。"由此可见，一个给学生印象最深的老师就是那种能够影响学生追求思想进步的人。

对青年毛泽东影响最深的三本书分别是陈望道译的《共产党宣言》，考茨基的《阶级斗争》，柯卡普的《社会主义史》。毛泽东说过："有三本书特别深刻地铭记在我的心中，使我树立起对马克思主义的信仰。我接受马克思主义，认为它是对历史的正确解释，以后，我就一直没有动摇过。"正是这三本经典成就了青年毛泽东对社会历史的正确认识，颠覆了青年毛泽东的世界观。

青年学子正处在世界观、人生观、价值观、道德观、法治观形成的关键时期，大学老师首先就是要引导学生立德，政治要强、情怀要深、思维要新、视野要广、自律要严、人格要正，必须帮助学生扣好人生的第一粒扣子。

"思想道德修养与法律基础"课，是一门融思想性、政治性、科学性、理论性、实践性于一体的思想政治理论课，开展马克思主义世界观、人生观、价值观、道德观、法治观教育，引导大学生提高思想道德素质和法治素养，成长为自觉担当起民族复兴大任的时代新人。

一、有助于大学生培养正确的世界观、人生观和价值观

新时代高等教育突出以生为本,不能够只重视专业教育,而要全面关注学生成长的需求和期盼;只重视专业教育,充其量只是对学生进行专业技能培养的一种工具教育,甚至是"动物驯养",而绝不是培养国家所需要的高素质人才。著名的物理学家斯普郎格有一句名言:"教育绝非单纯的文化传递,教育之所以为教育正在于它是一个人格心灵的唤醒,这是教育的核心所在。教育的最终目的不是传授已有的东西,而是要把人的创造力诱导出来,将生命感价值感唤醒,一直到精神生活运动的根。"

现实生活中陪伴我们走过一生的就是一些做人的道理,真正一辈子都不会过时的基本知识就是做人的修养,而专业知识随着时代的发展会不断地更新。

作为新时代人类灵魂的工程师,教师承载着传播知识、传播思想、传播真理、塑造灵魂、塑造生命、塑造新人的时代重任,必须引导学生健康成长成人。

请看案例:新中国最美奋斗者——黄文秀。

黄文秀,2012年本科毕业于山西长治学院思想政治教育专业,2016年获北京师范大学法学硕士学位。2018年3月26日,黄文秀主动来到百色市乐业县新化镇百坭村担任驻村第一书记,一心为民,带领全村通过易地扶贫搬迁脱贫18户56人,教育脱贫28户152人,发展生产脱贫42户209人,共计88户417人。贫困发生率从22.88%降至2.71%。黄文秀带领村民种植杉木、砂糖橘、八角和优质枇杷,村级集体经济收入达6.38万元,实现翻倍增收。注重乡风文明建设,成立"乡村振兴、青年作为"小志愿者服务队,开展村规民约吟诵比赛和文明家庭评选活动。百坭村获得百色市2018年度"乡风文明"红旗村荣誉称号。2019年6月17日凌晨,黄文秀从百色返回乐业途中遭遇山洪因公殉职。2019年9月25日,被授予"最美奋斗者"荣誉

称号。黄文秀用生命诠释了一名共产党员应有的人生价值追求和使命担当，彰显了新时代共产党员不忘初心、牢记使命、永远奋斗的典范；印证了高校必须把对学生的德育摆在首位，培养有理想、有本领、有担当的时代新人。

"思想道德修养与法律基础"课的历史重任，就是要防止西方所谓的"普世价值观"对学生的渗透，争取青年对象，培育和践行社会主义核心价值观，提升学生对大是大非的辨别能力。

马丁·路德说过："一个国家的前途，不取决于它的国库之殷实，不取决于它的城堡之坚固，也不取决于它的公共设施之华丽，而在于它的公民的文明素养，即在于人们所受的教育、人们的远见卓识和品格的高下。"

马克思说过："最先进的工人完全了解，他们阶级的未来，从而也是人类的未来，完全取决于正在成长的工人一代的教育。"[1]

列宁认为："我们是未来的党，而未来是属于青年的。"[2]

毛泽东说过："青年是整个社会力量中的一部分最积极最有生气的力量。"[3]

邓小平强调："青年是我们的未来，我们的一切事业的继承者。"[4]

习近平总书记说过："青年兴则国家兴，青年强则国家强。青年一代有理想、有本领、有担当，国家就有前途，民族就有希望。"[5]

面对国外敌对势力的渗透，习近平总书记又语重心长地告诫我们："国内外各种敌对势力，总是企图让我们党改旗易帜、改名换姓，其要害就是企图让我们丢掉对马克思主义的信仰，丢掉对社会主义、共产主义的信念。"[6]

---

[1] 马克思，恩格斯. 马克思恩格斯全集：第2卷［M］. 北京：人民出版社，1965：410.
[2] 中共中央马克思恩格斯列宁斯大林著作编译局. 列宁全集：第11卷［M］. 北京：人民出版社，1987：61.
[3] 毛泽东. 毛泽东全集：第6卷［M］. 北京：人民出版社，1999：66.
[4] 邓小平. 邓小平文选：第1卷［M］. 北京：人民出版社，1994：54.
[5] 习近平. 决胜全面建成小康社会夺取新时代中国特色社会主义伟大胜利——在中国共产党第十九次全国代表大会上的报告［M］. 北京：人民出版社，2017：70.
[6] 习近平. 在全国党校工作会议上的讲话（单行本）［M］. 北京：人民出版社，2016：8.

西方国家对中国实施和平演变的战略从未放弃，但是从未能称心如愿。

60后、70后的大学生，经受住了改革初始和探索的历史洗礼，自觉肩负起"团结起来、振兴中华"的历史重任。

80后的大学生：更加理性化，更加冷静，以积极心态投身到改革开放和现代化建设洪流中，成为新时代实现中国梦的脊梁。

以美国为首的西方势力挖掉中国人的信仰准备从90后开始，意想不到的是在四川汶川地震和玉树地震中90后大学生表现出来的团结、无私、互帮互助的大爱精神和在关键时刻对党组织的信任和高度的纪律性，对社会责任感和使命感，使西方势力大失所望。90后大学生成了肩负强国使命的时代新人。

新时代00后正在融入新时代，借力新时代，不断地逐梦、筑梦、圆梦，切实增强"四个自信"，不断地成就出彩人生，在实现中国梦的实践中放飞青春梦想。

二、有助于大学生培养正确的道德观和道德素养

一个人在人生道路上能有多大发展，能够为人民、为社会做出多大的贡献，同自身道德修养关系很大，而我们大学生毕业以后在社会上将来能有多大的发展后劲也取决于我们的道德教育的效果好坏。新时代我们对德才兼备的人才的渴求比以往任何时候都更加强烈，必须把思想政治教育贯穿于教育教学的全过程。

社会上的用人单位对人才的评价和录用的通用标准，就是德才兼备、全面发展。既要专业过硬，又要道德高尚，成为新时代的高素质人才。

国内某高校曾经专门对已毕业离校的学生做过一次调查研究，问他们在校四年印象最深的课是什么，对他们人生影响最深的课又是什么。98%的被调查者认为思想政治理论课印象最深、受益最大。

开设"思想道德修养与法律基础"课，就是引导学生形成正确的道德认

知,积极投身道德实践,做到明大德、守公德、严私德。

请看案例,1987年,75位诺贝尔奖获得者在巴黎聚会。一位获得诺贝尔奖的老人被记者问道"你认为一生最重要的东西是什么?"老人概括为四个字:"诚实""善良"。记者再问道:"您在哪所大学学到了这些最重要的东西?"那位老人既没有说到美国的哈佛,也没有提到英国的剑桥和牛津,而是很平静地说:"是在幼儿园。"

在人的个性因素中对人一生的成功贡献最大的因素就是情商,而不是智商,因为人的成功80%取决于情商;培养自己的高尚的道德情操是情商最重要的体现。

三、有助于大学生培养正确的法治观和法治素养

新时代的大学生必须全面把握社会主义法律的本质、运行和体系,理解中国特色社会主义法治体系和法治道路的精髓,增进法治意识,培养法治思维,依法行使权利与履行义务,自觉地做到尊法学法守法用法。请看案例,震惊举国上下的"马加爵事件"。

2004年2月上旬,云南大学生化学院生物技术专业、23岁不到的马加爵,与同学在打牌的过程中发生冲突,因而怀恨在心,于2月中旬残忍地杀害了他的四位同学,并拿走死者财物。经调查取证,马加爵故意杀人犯罪事实清楚,证据确凿充分,云南省昆明市人民检察院提起公诉,云南省昆明市中级人民法院依据《中华人民共和国刑法》第232条第57条第一款规定,判决被告人马加爵犯故意杀人罪,判处死刑,剥夺政治权利终身。一审判决后,马加爵在法定期限内未提起诉讼。云南省高级人民法院裁定核准昆明市中级人民法院以故意杀人罪判处马加爵死刑剥夺政治权利终身的刑事判决。2004年6月17日昆明市中级人民法院依法对马加爵执行死刑。

(播放视频《中国法庭——庭审直击马加爵》)

(课中同学们利用智慧工具对案例进行现场发帖与互动)

（案例点评）马加爵故意杀人案件正是缺乏法治教育的结果。我们决不能让法治教育缺席，必须让学生全面把握社会主义法律的本质、运行和体系，增进法治意识，培养法治思维，更好地行使法律权利、履行法律义务，做到尊法学法守法用法，从而具备优秀的法治素养。

【思考与讨论】

1. 请结合实际写出大学四年个人的成才规划。

2. 你对专业学习有兴趣吗？谈谈自己如何处理好专业教育和全面发展的关系。

3. 你认为开设"思想道德修养与法律基础"课的意义何在？

4. 你认为一个人的发展后劲，除了要具备扎实的专业功底外，还应该具备什么样的素养？

5. 你准备写入党申请书吗？为什么？

【阅读文献】

1. 马克思，恩格斯．马克思恩格斯全集：第2卷［M］．北京：人民出版社，1965.

2. 中共中央马克思恩格斯列宁斯大林著作编译局．列宁全集：第11卷［M］．北京：人民出版社，1987.

3. 毛泽东．毛泽东全集：第6卷［M］．北京：人民出版社，1999.

4. 邓小平．邓小平文选：第1卷［M］．北京：人民出版社，1994.

5. 习近平．决胜全面建成小康社会夺取新时代中国特色社会主义伟大胜利——在中国共产党第十九次全国代表大会上的报告［M］．北京：人民出版社，2017.

6. 习近平．在全国党校工作会议上的讲话（单行本）［M］．北京：人民出版社，2016.

7. 陈若松．现代创新教育导论［M］．长春：吉林人民出版社，2005.

专题三：人性之谜
——如何认识人的本质

【教学目的】通过本专题教学引导学生正确认识人的本质，从而为正确认识人生、形成正确的人生观提供科学的方法论。

【教学要求】正确认识人的本质，重点讲清楚人既有自然属性，又有社会属性；人的类特性是人的自由自觉的活动，人的本质是一切社会关系的总和，掌握认识人生观的科学方法。

【教学重点】正确认识人的本质。

【教学难点】从实践的视角来了解人的本质；从人的本质出发来理解人生观。

【教学方法】采用线上线下混合式教学，以故事引入、问题设置切入主题，深入浅出地讲述人的本质；以励志故事导入教学，抓住人心，我们究竟怎样去理解人和人生。以印度狼孩故事引入对人性的探讨，我们怎样认识人的本质。采取理论联系实际，从感性入手到理性升华的教学方法，运用启发式、研讨式、互动式、个性化和多媒体等方式方法来进行课堂教学。

【教学元素】励志故事、经典名言、案例、视频、个性化语言、图片、手势和课件展示。

【课堂讲授】

昨天我在网上听了一堂催人奋进的励志演讲《不抱怨靠自己》，一个残疾青年经历过人生的上学、求职和创业的一次又一次挫折，每一次挫折让他信念更坚定的就是回响在他耳边的老父亲的忠告：孩子，不抱怨靠自己，因为抱怨没有用。崔万志，一个残疾青年，讲述了一个震撼人心的寻求人生幸福的故事。那真的是正常健康的人体会不到的一种艰辛和说不出的一种幸福，同时又是对当代青年的一次人生拷问：什么样的人生最幸福？什么样的人生最精彩？什么样的人生最有价值？

奋斗的人生最精彩，感恩的人生最幸福，奉献的人生最有价值。命是弱者的借口，运是强者的谦辞。从本节课开始进入第一章的学习，即人生的青春之问，也即什么是人，人生观的主要内容是什么，应该树立怎样的人生观。今天与大家共同分享人生青春之问的第一个话题——人性之谜，即人的本质是什么。这是一个古老而又常新的话题。（教师停顿安静下来，让学生跟进，此处学生会有掌声）

（讲述狼孩的故事）1920年，在印度加尔各答东北的一个名叫米德纳波尔的小城，人们在狼窝里发现了两个裸体的女孩。这两个小女孩被送到米德纳波尔的孤儿院去抚养，其中大的年约七岁，叫卡玛拉，小的约两岁，叫阿玛拉。因为很小就被遗弃在大山中与狼生活在一起，她俩被带到幼儿园后，依然像狼一般地尖叫，用手抓食物，撕咬肉制品，咬烂身上的衣服，到了第二年阿玛拉死了，而卡玛拉也只活到1929年。

请大家讨论：印度狼孩的故事说明了什么？

（教师课中线上发布问题，此处学生线上回帖发表意见，现场请两个学生分享回帖。）

正如同学们刚才所讨论的，"狼孩"虽然生理构造与正常人是一般无异的，其心理与行为却完全被环境所同化了。人的本质不是自然属性，而是社会属性。

同学们，人是什么，人性是什么？

历史上有一个难解之谜，叫斯芬克斯之谜：有一种动物早晨四条腿，中午两条腿，晚上三条腿走路；腿最多时最无能。请问这种动物是什么？（此处教师停顿希望学生呼应一下）

何谓人？人对自身的认识，既是一个古老的问题，又是一个常新的问题。

一、人是具有自然属性的高级动物

同学们，请你们诚实地回答，曾经是否有过类似的行为：每当第四节课快要下课的时候，老师还没有讲完，就用提早起身或者发出敲桌子等异样的声音来提醒老师下课。（此处停顿希望学生呼应一下）

看来，人都不是神仙，都有本能，我们当老师的也一样，人的饥饿、性欲等都是自然的本能，与其他动物的自然属性无差别，正像猪栏里的猪到了饿的时候用头撞猪栏和学生到第四节课用手敲桌子提醒老师下课效果一样，都是生存的本能使然。正如荀子说："饥而欲食，寒而欲暖，劳而欲息，好利而恶害，是人之所生而有也。"但是，人是高级动物，所以以后请同学们克制一下，不要用这种异样的声音来提醒老师啦。（教师微笑面对学生停顿下来，此处学生会有掌声，活跃课堂气氛）

人比动物高级，那么，人的高级之处在哪里呢？

人的大脑具有意识的机能。脑科学研究成果表明，人类的大脑是世界上最复杂、效率最高的信息处理系统。大脑的平均重量为1400克左右，但包含着100～150亿个神经元，每一个神经元就相当于一台微型电子计算机。而其他动物虽然具有低等感官的本能，但是不具备高级思维的潜能，以猪脑为例，猪脑被切开后就是民间所说的"一根筋"。科学巨匠爱因斯坦的大脑被美国脑科学家解剖后，令在场所有的脑科学家都非常生气，爱因斯坦大脑的功能只使用了10%，就使人类发生如此巨大的变化，为什么不多开发一点？（手势配合语言增加幽默风趣的效果）

美国心理学家赫胥勒说过："我们最大的悲剧……是千千万万的人们生活着然后死去，却从未意识到存在于他自身的人脑从未开发的潜能。"

二、人的类本质是人的自由自觉的活动

人的类本质是什么？马克思有句经典的名言："一个种的整体特性、种的类特性就在于生命活动的性质，而自由的有意识的活动恰恰就是人的类特性。"①

人的生命活动不同于动物的生命活动，核心区别就是人的活动具有创造性而不是本能。

马克思指出："蜘蛛的活动与织工的活动相似，蜜蜂建筑蜂房的本领使人间的许多建筑师感到惭愧。但是，最蹩脚的建筑师从一开始就比最灵巧的蜜蜂高明的地方，是他在用蜂蜡建筑蜂房以前，已经在自己的头脑中把它建成了。"②

猴子骑单车与人骑单车，看似没有区别，但是本质上不同。猴子骑单车是出于驯养员训练后的本能，为了一块肉，没有创造性。而人骑单车，一是意识到自己在骑单车，但猴子不知道自己在台上表演还可以收门票，如果猴子知道有门票收入，一块肉能让你耍着玩吗？（注意此处老师要有手势动作和表情，并停一下，一定会有学生发出会心的笑声和掌声）二是具有创造性。人们能够把铁环自行车改造成橡胶轮胎自行车，提高舒适度，而猴子做不到。

三、人的本质是一切社会关系的总和

人和动物真正的差别不仅仅在于生命活动的性质，更在于在生产实践活

---

① 马克思，恩格斯. 马克思恩格斯文集：第1卷［M］. 北京：人民出版社，2009：162。
② 马克思，恩格斯. 马克思恩格斯文集：第5卷［M］. 北京：人民出版社，2009：208。

动中所形成的一切社会关系的总和。劳动是人的类本质，正是在劳动过程中形成家庭关系、生产关系、交往关系，在此基础上又形成了政治关系、法律关系、道德关系；而家庭关系、经济关系、政治关系、法律关系、道德关系，构成了人的一切社会关系的总和，决定了人的本质。

（小结，即理性升华）总之，马克思从实践的角度揭开了人的本质之谜："费尔巴哈把宗教的本质归结于人的本质，但是，人的本质并不是单个人所固有的抽象物。在其现实性上，它是一切社会关系的总和。"① 这一论断，在人类历史上第一次科学说明了人的本质，为人们认识人生、形成正确的人生观提供了科学的方法论。

（承上启下，过渡到下一个学习环节）

【思考与讨论】

1. 你怎样理解人性和人的本质？

2. 为什么说人的本质是一切社会关系的总和？

3. 印度"狼孩"的大脑虽然具有意识的潜能，但是为什么不具备人的社会本质属性？

4. 为什么说只有从实践的角度才能科学地理解人的本质？

【阅读文献】

1. 马克思. 关于费尔巴哈的提纲［M］//马克思，恩格斯. 马克思恩格斯选集：第1卷［M］. 北京：人民出版社，1995.

2. 马克思，恩格斯. 马克思恩格斯文集：第1卷［M］. 北京：人民出版社，2009.

3. 中共中央马克思恩格斯列宁斯大林著作编译局. 列宁专题文集：论辩证唯物主义和历史唯物主义［M］. 北京：人民出版社，2009.

4. 和向群. 潜能开发策略［M］. 北京：中国民航出版社，2001.

---

① 马克思，恩格斯. 马克思恩格斯文集：第1卷［M］. 北京：人民出版社，2009：501.

专题四：人生之辨
——如何正确认识人生观

【教学目的】 通过本专题学习，让大学生正确了解和掌握人生目的、人生态度、人生价值的内涵及其三者之间的关系，理解人的自我价值和社会价值的科学内涵，正确处理好人的自我价值和社会价值之间的辩证关系，从而为树立正确的人生观和正确评价人生价值提供科学的理论指导和方法论。

【教学重点】 重点讲清楚人生目的、人生态度、人生价值的科学内涵及其三者之间的内在关系。

【教学难点】 引导学生正确认识个人和社会之间的关系，理解人的自我价值和社会价值的科学内涵，正确处理人的自我价值和社会价值之间的辩证关系。

【教学方法】 采用线上线下混合式教学，问题设置悬念切入主题，深入浅出阐述人生真谛，即以"死亡学校"的三个朴素问题为切入点，震撼学生的心灵，引入大学生对人生目的、人生价值、人生态度的探索，让大学生正确了解和掌握人生目的、人生态度、人生价值的内涵及其三者之间的内在关系，理解人的自我价值和社会价值的科学内涵，正确处理好人的自我价值和社会价值之间的辩证关系。

【教学元素】 故事悬念、问题设置、深入浅出的朴素而幽默的语言风格。

【课堂讲授】

同学们，今天我们一起来共同探讨：什么是人生观？人生观包括哪些内容？如何正确认识人生观？

【分享故事，设置悬念】

我们先共同分享一个故事：一个心理医生为了转移和减轻绝症病人的痛苦，创办了一所学校，即把绝症病人召集到一起讨论三个话题，也就是死前的三个心愿，我把它取名为"死亡学校"。

第一个心愿：你死了以后希望在自己的墓碑上刻上什么样的墓志铭？

大家众说纷纭：有的说"这里埋葬着一位白衣天使"，一看就是一个医生和护士的人生写照；有的说"这里躺下了一位人类灵魂工程师"，一看就知道是一个人民教师的人生刻画；英国伦敦海格特公墓有一个墓志铭"哲学家们只是用不同方式解释世界，而问题在于改变世界"，这是千年思想家马克思的墓志铭。

第二个心愿：临死前你最想干的事是什么？

大家纷纷表白："我死之前要陪我爱人环游世界"，"我要还上中学时欠下班主任的50元钱"，"我要把自己一本没有写完的书写完"。

第三个心愿：死后你希望别人给予你什么样的评价？

大家在讨论这个话题的时候，大多数人心里一想，我人都要死啦，还怕死后人家的议论评价？此时，大家最关心的不是别人的评价，而是相互帮衬着实现自己死前的最后心愿。

请大家思考：一个快要死了的人尚且死之前还要想着为他人承担责任；年轻的大学生们，我们更应该怎么做？

（教师线上发布此问题，请同学们利用智慧工具开展线上讨论，现场请两个同学分享自己的意见，最后教师集中点评）

习近平总书记语重心长地说："要树立正确的世界观、人生观、价值观，掌握了这把总钥匙，再来看看社会万象、人生历程，一切是非、正误、主次，一切真假、善恶、美丑，自然就洞若观火、清澈明了，自然就能做出正确判断、做出正确选择。"

一、人生目的

"死亡学校"讲述的那些濒临绝症的人所讨论的第一个心愿,其实就是讨论人生目的,人为什么而活着;一个人活着就得有明确的人生目的。

所谓人生目的是指生活在一定历史条件下的人在人生实践中关于自身行为的根本指向和人生追求;它是人生观的核心,决定着人生道路、人生态度和人生价值选择。

马克思17岁就立誓为全人类谋求幸福,并用毕生的精力投入探求谋求全人类解放的学说中。

邓小平同志88岁高龄还牵挂改革开放,发表了著名的南方谈话,坚守一生的信念:"我是中国人民的儿子。我深深地爱着我的祖国和人民。"

习近平总书记曾经深情地说:"人民对美好生活的向往,就是我们的奋斗目标。""我最牵挂的还是困难群众。"

(播放微视频《牵挂》,回望习近平总书记牵挂的那些人和那些事儿,感受总书记一生为民的情怀)

地球物理学家黄大年教授从海外回归吉林大学就是为了献身祖国深地探测科学研究。

亚里士多德曾被人问道:"你和平庸人有什么不同?"这位古希腊大哲学家回答:"平庸的人活着是为了吃饭,而我吃饭(老师停顿下来寻求学生的答案)是为了活着。"

可是,现实生活中,有些人为了一套房、一部车、一个官位、一个职称可以忘却自己活着的真正目的。

二、人生态度

"死亡学校"讨论的第三个心愿，其实就是表明了一个人的人生态度，即怎样看待人生，怎样对待人生。每一个人在人生的实践中都有自己的人生态度。

所谓人生态度，是指人们通过生活实践形成的对人生问题的一种稳定的心理倾向和精神状态。

一般有两种人生态度：一种是庸碌无为消极倦怠，一种是积极进取乐观向上。

请看案例：张海迪身残而志不残，一边坚持学会独立生活，一边学会写作，完成了80万字的长篇小说。吉林大学女生江梦南靠摸喉咙、读唇语考上了清华博士。她说："我并不弱势。"张海迪和江梦南都是身残而志不残，始终保持积极进取乐观向上的人生态度。

毛泽东曾经这样说过："我想同志们中间可能也有多多少少受过冤枉受过委屈的。……可以有两种态度。一种态度是从此消极，很气愤，不满意；另一种态度是把它看作一种有益的教育，当作一种锻炼。"

1985年，特立尼达和多巴哥总理钱伯斯来访。在交谈中钱伯斯问邓小平："我想请教一下，您保持身体健康的秘诀是什么？"邓小平回答："许多客人问过我，我的回答是四个字：'乐观主义'。天塌下来不要紧，有人顶着。"

三、人生价值

"死亡学校"的那些濒临绝症的人所讨论的第二个心愿就是人生责任和人生价值。人的一生活着就要承担责任，就要活得有意义，活得有价值。那么，什么是人生价值呢？

（此处教师线上安排主题讨论，学生发帖回应，现场请两个同学分享自己的感想）

所谓人生价值，是指人的生命及其实践活动对于社会和个人所具有的作用和意义，它包括自我价值和社会价值。自我价值是指个体的人生实践活动对自己的生存和发展所具有的价值；社会价值是指个体的人生实践活动对社会、他人所具有的价值。自我价值的实现是个体为社会创造更大价值的前提；社会价值的实现是个体自我完善、全面发展的保障。

请观看视频：《播种未来》。

科学家爱因斯坦曾说过："人只有献身于社会，才能找出那短暂而有风险的生命的意义。"只有正确地理解人生价值，明是非、辨善恶、知荣辱，才能在实践中最大限度地创造人生的价值，成就人生的辉煌。

（课中布置作业）请课后观看线上视频《不抱怨靠自己》，写一篇心得体会。

【思考与讨论】

1. 怎样理解人生目的、人生态度、人生价值之间的关系？
2. 为什么说人生目的是人生观的核心？
3. 怎样理解人生的自我价值和社会价值的科学内涵及其二者之间的关系？为什么说当代大学生的人生价值目标要与社会主义核心价值体系相一致？

【阅读文献】

1. 中共中央文献研究室. 毛泽东邓小平江泽民论世界观人生观价值观 [M]. 北京：人民出版社，1997.

2. 习近平. 习近平谈治国理政：第 1 卷 [M]. 北京：外文出版社，2018.

3. 爱因斯坦. 我的世界观、社会和个人、纪念爱因斯坦译文集 [M]. 上海：上海科学技术出版社，1979.

专题五：人生之求

——如何树立正确的人生观

【教学目的】通过本专题学习，引导学生树立正确的人生观，追求崇高的人生目的，确立积极进取的人生态度，肩负自己的人生责任，正确认识人生价值的评价方法和标准，明确人活一世要受到各种条件的制约，必须充分利用好现有的条件，努力创造条件，追求有意义的人生。

【教学重点】引导学生树立正确的人生观，追求崇高的人生目的，确立积极进取的人生态度，创造有价值的人生。

【教学难点】科学对待影响人生价值实现的各种条件，明确人活一世要受到各种条件的制约，必须充分利用好现有的条件，努力创造条件，追求有意义的人生。

【教学方法】采用线上线下混合式教学，以"问题设置与讨论"为切入点，通过分析典型案例，引导大学生追求崇高的人生目的，确立积极进取的人生态度，创造有价值的人生。以学生反问教师本人一生活着的意义、目的来引导学生正确地认识人生价值及其评价方法，科学对待影响人生价值实现的各种条件，明确人活一世都要受到各种条件的制约，必须充分利用好现有的条件，努力改变自己，创造条件。

【教学元素】故事、案例、经典名言、视频、学生现场提问、个性化语言风格。

【课堂讲授】

同学们好！人不能稀里糊涂地活着，得有正确的人生方向，积极进取、健康乐观的人生态度和向上的正能量。作为新时代的大学生，究竟应该如何树立正确的人生观呢？

（教师课前在线上发布对此问题进行讨论的公告，课中同学们带着问题和思考走进课堂，现场抽取5名学生分享自己对此问题的体会）

一、确立科学高尚的人生追求

马克思、恩格斯说过："无产阶级的运动是绝大多数人的，为绝大多数人谋利益的独立的运动。"① 马克思、恩格斯所谋求的是全世界无产者联合起来，推翻资产阶级的统治，其目的就是要实现共产主义，谋求全人类的彻底解放。

毛泽东曾指出，"全心全意为人民服务"，为人民服务是中国共产党的宗旨，也是每一个中国共产党党员的人生价值追求。

（播放微电影：《半条被子》）

习近平总书记说过："把人民对美好生活的向往作为奋斗目标。"为中国人民谋幸福、为中华民族谋复兴、为世界谋大同是新时代中国共产党的初心和使命担当，体现了中国共产党人一以贯之地把人民放在最高位置的价值情怀。

总之，"服务人民、奉献社会"的思想以其科学而高尚的品质，代表了人类社会迄今最先进的人生追求。

大学生要把为国家和人民事业无私奉献作为人生的最高境界，在服务他人、奉献社会中收获成长和进步。

请大家看视频：《悬崖边上的护梦人》。

（教师点评）格桑德吉作为河北师范大学成绩优异的毕业生放弃到大城市工作的机会，毅然回到偏远落后的家乡当一名乡村老师，就是为了让更多

---

① 马克思，恩格斯. 共产党宣言［M］. 北京：人民出版社，2014：39.

的孩子能够接受更好的教育。把自己所学到的知识奉献给家乡的孩子们，从而实现自己的人生价值目标。

一个人确立了服务人民、奉献社会的人生追求才能清楚地把握人的生命历程和奋斗目标，深刻地理解人为了什么而活、应走什么样的人生之路；才能以正确的人生态度对待人生、解决实际生活中的各种问题，始终对祖国和人民具有高度的责任感；才能懂得人生的价值首先在于奉献，自觉地用真善美来塑造自己，努力使自己成为一个高尚的人。

请大家看案例：治病救人是我的天职。

2018年7月，《朗读者》邀请了96岁高龄的中国科学院院士、国家最高科学技术奖获得者、"中国肝脏外科之父"吴孟超。在吴老75年的从医生涯里，大约有1.5万名病人因为他而脱离了生命的绝境。他的眼前是病，心底是人，他总说："我想背着每一位病人过河。"比起脸上的褶皱，比起脚下的变化，吴老更在意自己的双手。他在节目里说："手比脸重要。脸老了无所谓，但是这手所有的感觉要保护好。"

早在2004年，吴老已经82岁了，还要做一个难度大的手术。当时，有些年轻同事劝他："这么个大瘤子，人家都不敢做。你做了，万一出了事，你的名誉就没有了。"吴孟超回答："名誉算什么，我不过就是一个吴孟超嘛！救治病人是我的天职。"

节目中，吴孟超用一句话带过自己在肝脏方面的60余年的时光。"因为中国也是肝病大国，死亡率很高。那个时候，肝脏没人敢开。所以我就攻克肝脏，做标本研究，然后慢慢做临床，以后建立起来了肝胆外科。"

（教师点评）"治病救人是我的天职"，这句话高度概括了吴老作为一个医生的人生追求，那就是服务病人、奉献社会。

再请大家看一个案例：英雄深藏功名，不改本色。

张富清，原西北野战军359旅718团2营6连战士，在解放战争的枪林弹雨中九死一生，先后荣立一等功三次、二等功一次，被西北野战军记特等功，两次获得"战斗英雄"荣誉称号。1955年，张富清退役转业到湖北省最偏远的来凤县工作，为贫困山区奉献一生。老英雄张富清60多年深藏功名，一辈子坚守初心、不改本色，事迹感人。在部队，他保家卫国；到地方，他为民造福。他用自己的朴实纯粹、淡泊名利书写了精彩人生，是广大部队官兵和退役军人学习的榜样。

（教师点评）要积极弘扬老英雄张富清这种为人民无私奉献的精神，凝聚起万众一心奋斗新时代的强大力量。

二、保持积极进取的人生态度

（一）人生须认真

要严肃思考人的生命应有的意义，明确生活目标和肩负的责任，既要清醒地看待生活，又要积极认真地面对生活。不能得过且过、放纵生活、游戏人生，否则就会虚掷光阴，甚至误入歧途。

汽车大王福特刚毕业时面试成功最重要的细节，就是进门时把门口一片纸屑认真地捡起来并放到了垃圾桶。考官说："你被录取了。"

《士兵突击》中令人难以忘怀的人生格言是"不抛弃、不放弃"，认真做好每一件事。

（二）人生当务实

人的一生要脚踏实地，不要追求好高骛远，要从实际出发，从小事做起，从身边做起，一步一个脚印去实现自己的人生目标。

马云开始创业时，吃着方便面，住着地下室，挨家挨户上门游说，最终创造了阿里巴巴帝国，个人资产截止到 2019 年底已经达到 2570 亿元。马云说过："如果事情都是准备好了再去做，那你一定不会成功。"

《孟子·告子下》曰："天将降大任于斯人也，必先苦其心志，劳其筋骨，饿其体肤，空乏其身，行拂乱其所为，所以动心忍性，增益其所不能。"

（三）人生应乐观

只有热爱生活的人，才能真正拥有生活。不能因为没有满足自己的期望或者遇到困难和挫折，就消极悲观、畏难退缩，甚至颓废堕落、自暴自弃。

要健康、阳光，就是要乐观向上，要有自信心，心胸开阔，热爱生命，热爱生活，保持健康而平和的心态。梁家河七年知青岁月练就了习近平的乐观的生活态度；大学生李恩慧，一边读书，一边卖西瓜赚学费，被誉为乐观坚强的"西瓜男孩"。

（四）人生要进取

为人处世，做任何事情都要认真负责，敢于承担责任，敢于对自己负责、对他人和社会负责。不要得过且过，不要马马虎虎，不要随随便便，应付了事；更不能贪图安逸、满足现状、因循守旧、故步自封，否则人生就会失去应有的光彩。

一个人的期望值乘以他的态度等于他的现状。

1981年出生的段妍青，2016年7月被评为全国优秀党务工作者，2019年10月1日作为杰出代表登上新中国成立70周年庆典"全面从严治党"方阵彩车。她作为一名基层党务工作者，具有担当精神，不畏困难，扎根基层帮助村民搞建设。2011年到河北省张北县张北镇担任村干部，与村民同住同吃，摸爬滚打，不忘初心，牢记使命，沉下心来，扎根基层，以"转型、富民"为核心，通过招商引资、农业转型、生态建设推动美丽乡村建设，赢得了村民一致称赞，在美丽乡村建设中放飞了自己的青春梦想。

再请大家看一个视频《我不是来适应这个社会的，我是来改变这个社会的》。

习近平总书记说："广大青年要坚定理想信念，志存高远，脚踏实地，勇做时代的弄潮儿，在实现中国梦的生动实践中放飞青春梦想，在为人民利益的不懈奋斗中书写人生华章。"[1]

---

[1] 习近平. 决胜全面建成小康社会夺取新时代中国特色社会主义伟大胜利——在中国共产党第十九次全国代表大会上的报告［M］. 北京：人民出版社，2017：70.

三、人生价值的科学评价与实现条件

作为一名教师，曾经被一个新生同学问到了一个非常有意思的问题："老师你讲了那么多，我很想知道你为什么活着？你活着的意义又在哪里？你自己活得怎么样？"

（插入学生当时提问的现场录像视频）

（播放下列文字的配音，采用双分频）

学生问这个问题就是要老师对自己的一生活着的意义或者说一生活着的人生价值做出自我评价；当然我不知道她期盼什么样的答案，我只是尝试着问了她一个我很难处理的问题："你认为老师可以自己评价自己一生活着的意义吗？"后来迫于尴尬，我只说了三句话："27年的时光基本上消耗在三尺讲台上，在这个讲台上，有时候很快乐，有时候很悲伤，有时候很充实，有时候很无助，但我从来没有后悔过。讲台实实在在地狭小，承载了我的酸甜苦辣和无法言说的用自己的血汗换来的一点点的收入，但是我从来没有放弃过。讲台上最大的幸福就是有时候讲课讲得很精彩，你们给予的利己又利人的掌声；最大的价值就是有时候你们记起老师课堂所讲的，能够把生活整得更明白。"

（一）人生价值的评价主体

人生价值的评价主体既包括自我评价，又包括社会和他人评价。

1. 自我评价

对自己的一生做一点自我评价，当然可以，可以把自己抬得很高，也可以把自己贬得很低。自我评价只是一种自我感觉，可以如实评价，也可以夸张评价，甚至可以包装评价。但是人不能自卖自夸，要客观地正视自己和实事求是地评价自己。

2. 社会评价和他人评价

因为人的一生是否活得有意义，并不是由自己来评价，而应该由他人和社会来评价。一个人不管你的人生成就有多大，不管你活得多有意义，都不能自己炫耀自己，一个人活着的意义只能由社会或者他人来评价，否则就有可能陷入"不道德"之嫌。

（二）评价人生价值的标准

人的社会性决定了人生的社会价值，因此，今天，衡量人生价值的评价标准，最重要的就是看一个人是否用自己的劳动和聪明才智为国家和社会真诚奉献，为人民群众尽心尽力服务。评价人生的根本尺度是看一个人的实践活动是否符合社会发展的客观规律，是否促进了历史的进步。

科学家爱因斯坦曾经说过："一个人的价值，应看他贡献什么，而不应看他取得什么。"

（三）人生价值的评价方法

客观公正准确地评价人生价值，既要掌握科学的评价标准，又要掌握恰当的评价方法。评价方法包括：坚持能力有大小与贡献须尽力相统一，坚持物质贡献与精神贡献相统一，坚持完善自身与贡献社会相统一。

（四）人生价值的实现条件

人生价值的实现，既需要社会条件，也要具备个人条件，同时，更需要创造条件。

1. 实现人生价值要从社会客观条件出发

40年改革开放所带来的历史性成就和伟大变革，铸就了中国特色社会主义新时代，世界正处在一个百年未有之大变局的时代，为人们实现人生价值提供了有利条件和机遇。

要珍惜难得的历史机遇，把自己的人生追求建立在正确把握当今中国社会发展实际的基础上，努力实现自己的人生价值。

2. 实现人生价值要从个体自身条件出发

要针对自己成长成才过程的实际，注重完善知识结构、丰富社会实践，坚持实事求是的原则，努力客观认识自己，准确把握影响人生价值实现的自身条件。避免把主观的想象当作对自身条件的认知。

请大家讨论：如何看待实现人生价值的社会客观条件和个体自身条件？

（教师线上发布主题讨论，学生线上发帖讨论和现场抢答分享）

3. 不断增强实现人生价值的能力和本领

没有条件可以创造条件，通过各种方式和途径，全面提高自身的综合素质和能力，努力创造实现人生价值的良好条件。

浙江大学学霸胡一捷作息时间表精确到分钟！最怕优秀的人比你还努力。

请大家看案例：忠诚跪教境界参天——民办教师陆永康。

陆永康是贵州省黔南布依族苗族自治州三都水族自治县羊福民族学校的教师，出生仅9个月时，因小儿麻痹症导致双腿膝盖以下肌肉萎缩，从此学着跪行在地上。腿脚不便，家境贫寒，并没有磨灭陆永康的求知欲望。他年复一年跪着前行在山间小道上，抓住一切机会，读完了小学，自学完成了小学到初中的全部课程，成了村里为数不多的"文化人"。20岁那年，因为贫困，村上的孔荣小学流失了最后一个老师，陆永康成为一名小学民办教师，从此开始了漫长的跪着教书的生涯，日复一日地跪在讲台上传道授业，坚持了36年。刚开始教书的时候，全校只有30名学生，大部分孩子辍学在家。陆永康要做的第一件事情是把失学的孩子找回来。白天上课，晚上家访，所谓家访就是拄一根拐棍，爬山、蹚河、跨沟，跪行在崎岖的山道上，手脚并用，不管是白天还是黑夜，多年来，跪坏了不知多少双鞋子，但陆永康愣是这样跪着走遍了孔荣小学周边的八个自然村寨，跪遍了孩子们家里的门槛。学生家长被感动了，学生人数第二个学期由30人陆续地增加到50人，3年后，增加到150人。不光是自己村，就连邻村的家长都把孩子往陆永康老师这儿送。陆永康对教学一丝不苟，经常跑到6千米远的中心小学去请教，还针对水族学生不熟汉语的特点，采用"双语"教学（汉语、水语），取得了良好效果。1981年孔荣小学合并到羊福乡中心小学，陆永康也随之转到了中心小学，并凭着多年的刻苦自学，以全县第三名的成绩通过考试，转为公办教师。任教以来，陆永康每年都被评为县里的"优秀教师"；1998年，获得香港李国基教师奖励基金；2002年，又被评为贵州省"优秀教师"。如今，在羊福乡中心小学，几乎有一半老师曾是陆老师的学生。陆永康说："能够站在讲台上,即便是跪着给学生们上课,也其乐无穷。每当听到自己的学生考上重点学校和成才了,比什么都激动。"

陆永康用浩荡的爱心守护着他的学生。他的学生们也在悄悄地回报着恩师陆永康。教过的学生们在悄悄行动,寻找着能让老师站起来的方法,连续14年为自己的老师寻找医学专家。这个艰难跪行的身影,也感动了黔贵的山水,2004年初,黔南州委书记林明达获悉此事,当即打电话给当地一家医院的院长,询问是否可以通过手术治疗帮助陆永康站起来。双腿膝关节纤维强直,屈节90度,严重畸形,这样的手术在贵州省还没有先例,如果失败只有截肢。医院成立的专家组反复进行模拟实验,再三推敲手术步骤,教师节那天,黔南电视台为陆永康拍摄的专题纪录片播出,专家组负责人胡建山收看了这个节目。节目还没看完,他已两眼湿润。他觉得,自己没有理由不倾尽全力让这个跪了35年的老师站起来,在羊福,胡建山含着热泪为陆永康进行了十分细致的检查。看着那一双已全面萎缩的小腿,胡建山的心情十分沉重,他很清楚:如果手术不成功,那就要截肢,这种风险太大了!2004年3月18日,陆永康做了第一次手术。三小时后,当最后一针缝合好,胡建山已几近虚脱。后来,第二次、第三次……创造了人生奇迹的陆永康,终于在14次复杂的手术后,慢慢站了起来!科学和爱心,重塑了陆永康的双腿。2005年4月19日,离家治疗一年多的陆永康回到羊福。快到进入乡镇的一座大桥时,桥的两边挤满了学生,都是来欢迎陆老师重返讲台的,看到陆老师可以站起来讲课了,他们比陆老师本人还高兴。现在,陆老师和他的妻子黄天云、两个读六年级的儿子一起过着清贫而充实的生活。在他家的木屋里,透过木板间一指宽的缝隙,能看到屋外的操场。全家最夺目的"家当"是满满两面墙的奖状,那是他和两个儿子得到的各种奖励。陆永康老师经常教育孩子:"我在陌生人面前走路,别人围着看,我就很难堪。但工作就是力量。不少教师观摩过我的教学,大家都说教得好,老师们对我很尊敬。我身体有缺陷,但我用努力工作来弥补。每个人都有不足,你也要努力学习,才能弥补你的欠缺。"现在,陆昌健常考第一名,两个孩子都为爸爸而自豪。妻子黄天云已经跟陆永康一起生活了16年,却从未后悔过嫁给这个以前只能跪行的男人。一茬一茬的学生走了出去，而陆永康却一直留在大山深处。他说："我喜欢那支歌唱老师的歌《长大后我就成了你》。里面不是有句'放飞的是希望，守巢的总是你'吗？做老师的都是这样，总要能守住清贫。"

（播放歌曲《长大后我就成了你》）

（安排线上学生回帖讨论、现场分享从陆永康老师身上得到了什么样的启示，谈谈自己的体会）

（教师集中点评）正如刚才同学们所讨论的，陆永康老师跪教36年，坚守的人生责任就是教育好大山里的孩子，引导孩子们走出大山成为对社会、对国家有用的人才；学会正确地对待人生处境，能够从逆境中走出来，不断地创造条件，增强自己的本领，在自己跪教学生36年中去创造有价值的人生。

冯友兰把人生境界分为四个层次，即自然境界、功利境界、道德境界和天地境界；大学生应追求高境界的人生目标。

【思考与讨论】

1. 大学生怎样确立科学高尚的人生追求？
2. 你怎样看待人生？怎样对待人生？
3. 实现人生价值需要什么条件？怎样努力创造实现人生价值的条件？

【阅读文献】

1. 毛泽东. 毛泽东选集：第3卷［M］. 北京：人民出版社，1991.
2. 习近平. 习近平谈治国理政：第1卷、第2卷［M］. 北京：外文出版社，2018.

专题六：青春无悔
——如何创造人生价值

【教学目的】通过本专题学习，引导大学生辩证地对待人生矛盾，树立正确的幸福观、得失观、苦乐观、生死观、荣辱观；自觉地抵制和反对各种错误观点，反对拜金主义、反对享乐主义、反对极端个人主义；科学地应对人生挑战，成就出彩人生。

【教学重点】引导大学生树立正确的幸福观、得失观、苦乐观、生死观、荣辱观；自觉地抵制和反对各种错误观点，反对拜金主义、反对享乐主义和反对极端个人主义。

【教学难点】辩证地对待人生矛盾和人生困扰，科学地应对人生挑战。

【教学方法】采用线上线下混合式教学，以案例切入主题，深入浅出地阐述人生矛盾、人生困扰，科学应对人生挑战。

【教学元素】案例、经典名言、视频。

【课堂讲授】

（请一个女生朗读）作家柳青说过："人生的道路虽然漫长，但要紧处常常只有几步，特别是当人年轻的时候。没有一个人的生活道路是笔直的、没有岔道的，有些岔道口譬如政治上的岔道口，个人生活上的岔道口，你走错一步，可以影响人生的一个时期，也可以影响一生。"

虽然我们每一个人都希望人生能够一帆风顺，但是现实生活中，人生却充满着矛盾，"看似寻常最奇崛，成如容易却艰辛。"作为新时代大学生，必须要科学认识实际生活中的各种问题，勇敢地面对和正确处理各种人生矛盾。

请大家看案例：张海迪身残志坚。（请学生配音，课中播放）

张海迪5岁发现患有脊髓血管瘤，父母亲花费了所有的积蓄给她治病，但是最终还是瘫在了轮椅上。面对厄运和困难，身残而志不残，以残疾之躯完成了许多健全人都无法做到的事情，她的事迹已经感动和鼓舞了无数人，被誉为"中国式的保尔"。

人生充满着矛盾和挫折，矛盾和挫折无关对错，仅仅在于我们能否有勇气在矛盾和挫折中做出正确的选择并勇敢地承担一切责任。

一、科学应对人生的各种挑战

（一）辩证对待人生矛盾

1. 树立正确的幸福观

林语堂说过："人生幸福，无非四件事：一是睡在自家床上；二是吃父母做的饭菜；三是听爱人讲情话；四是跟孩子做游戏。"

习近平认为："奋斗本身就是一种幸福。只有奋斗的人生才称得上幸福的人生。"

请大家观看视频：幸福有多远？

请问：幸福是什么？

（教师课前在线上发布了对此问题进行讨论的公告，课中同学们带着问题和思考走进课堂，现场抽取3名学生分享自己的意见）

劳动最幸福，幸福就是奋斗。幸福意味着人总体上生活得美好，家庭和睦，事业成功，人格完善，行为正当。幸福总是相对的，而不是绝对的，寻找一种自我认定标准的幸福，知足常乐；如果奋斗出来的生活你能够感到满意，就是幸福。幸福是一个不断创造和追求更美好生活的过程。幸福不会从天而降，都是努力奋斗的结果。天上既不会掉下"林妹妹"，也不会有免费的午餐。

实现幸福离不开一定的物质条件,在追求物质生活水平提高的同时,要更加注重追求德行和高尚的人格,注重追求健康向上的精神生活。在追求幸福的过程中,我们不能把自己的幸福建立在损害社会整体和他人利益的基础上。

你认为一生中最幸福的事情是什么?

(教师线上发布主题讨论,请同学们线上发帖互动,现场请2个同学分享)

2. 树立正确的得失观

上帝关上了一扇门,必然会为你打开另一扇窗。失败是成功之母,不能以一次得失论英雄;作为新时代的大学生,必须乐观面对人生的得失,不要使得失成为思想包袱,而要成为人生的财富。不拘泥于个人利益的得失;要有大格局的得失观,牺牲个人利益去维护和保障集体和国家利益;不要满足于一时的得;机会总是留给那些不断进取和勇于创新的人们。不要惧怕一时的失;"塞翁失马,焉知非福""吃一堑,长一智"。

请大家看案例:"草帽书记"杨善洲似乎很傻。

杨善洲担任云南省保山地委书记近20年,"手握大权",却从不为自己和子女谋半分利;退休后,"自讨苦吃"垦殖荒山22年,将政府奖励自己的十几万元捐了出来;病逝前,又把价值3亿多元的林场经营权无偿交给国家……生为守大义,死成千古贤。从这个角度来看,他所得到的很丰厚、很珍贵、很长久。

《习近平的七年知青岁月》这样描述过习近平:"他从不服输,吃了很多苦以后,不但能成为一把工作好手,而且还作为村支书,扎根在梁家河为乡亲们谋福利。"

请观看视频《拿得起放不下的朋友圈》。

(教师点评)互联网迅猛发展,利弊同在,有所得必有所失,大学生要理性对待,学会科学取舍,才能做出正确选择。

3. 树立正确的苦乐观

苦与乐既对立又统一,又在一定条件下可以相互转化;乐极生悲,否极泰来。奋斗是艰辛的,真正的快乐只能由奋斗和艰辛转化而来。天上不会掉馅饼，只怕是"陷阱"。不能把快乐建立在别人的痛苦的基础上，与人分享快乐就会得到双倍的快乐，与人分担痛苦就会减轻痛苦。青年学生要准确把握苦与乐的辩证关系，努力做迎难而上、艰苦奋斗的开拓者。

请看案例：支教生涯——虽然累，但是快乐着。

陈敬德放弃安逸生活，又义无反顾地来到西部开始一年的义务支教生涯。在那里，孩子们喝着地窖里的水，穿着好几代人穿过的衣服和鞋子，吃着没有营养可言的干粮。孩子们渴求知识的眼神深深触痛了他，一种为孩子做一点事情的愿望油然而生。为此，他开始利用网络和他所拍摄的照片为那里的孩子寻找一条通向幸福的路。他累，但是快乐着。

（点评）陈敬德的义务支教诠释了一个教师的苦乐观，即为了孩子未来的幸福虽然苦但是心里感到很快乐。

请看案例：73岁的李兰娟院士冲在抗疫前线——每天只睡3个小时。

2020年1月18日，现年73岁的李兰娟院士，在国家最需要她的时候，义无反顾地将被感染的风险完全抛在脑后，拖着疲惫的身体，奔赴武汉抗疫的最前线。马不停蹄地深入疫情防控现场，从病毒溯源、临床救治方案、中医药防治等多方面科学研判，提出了自己的防控策略、疾病诊治等多条重要建议。"把病人救治工作做好"，"至于什么时候回来，我自己还没考虑过"。救治病人，既是她一生的职业信念，也是她一生最大的快乐。为了研制新药，每天昼夜不停，争分斗秒，只睡三个小时，终于给新冠肺炎患者带来了福音——"阿比多尔、达芦那韦能有效抑制新型冠状病毒"。

4. 树立正确的顺逆观

顺水行舟，更容易接近和实现目标，但是又容易使人滋生骄娇二气，自满自足，意志衰退。逆水行舟，可以磨炼意志、陶冶品格、积累战胜困难的经验、丰富人生阅历。

邓小平的一生三起三落，但是他能够始终坚守真理，集聚经验和能力，磨炼意志，开创了中国特色社会主义伟大事业。

只有善于利用顺境，顺势而上，或者勇于正视逆境和战胜逆境，处低谷而力争，我们才能够实现人生价值。

5. 树立正确的生死观

孔子谓"杀身成仁"（《论语·卫灵公》），孟子曰"舍生取义"（《孟子·告子上》），司马迁认为"人固有一死，或重于泰山，或轻于鸿毛"（《史记·报任少卿书》）。这些千古名句说明，人的生命是有限的，而生命的价值却是无限的。

新时代大学生要牢固树立生命可贵的意识，倍加爱护自己和他人的生命，理性面对生老病死的自然规律，努力使自己的生命绽放人生应有的光彩。

1933 年出生的朱彦夫，14 岁参军，16 岁入党。1950 年在抗美援朝战场上身负重伤，动了几十次手术，成为一个没有四肢、没有左眼的特等伤残军人。1956 年，朱彦夫回到沂源县张家泉村担任村支部书记。25 年间，他把一个贫穷落后村建成了富裕先进村。60 岁时，朱彦夫创作小说《极限人生》，之后又写了第二部《男儿无愧》，被誉为中国的保尔·柯察金。2014 年 3 月，中宣部授予朱彦夫"时代楷模"称号。

73 岁"中国最美奶奶"健身抗癌：73 岁的年纪，17 岁的心态；"我永远是生活的强者，从来不为疾病掉过一滴泪"。

生命的状态是肉体与灵魂的内在统一，是物质与精神的统一。肉体及其特性是生物学意义上的存在，精神及其特质是社会学意义上的存在；肉体的消灭是人的生命状态在生物学意义上的消失，以精神及其特质的形式存在是人的生命在社会学意义上的存在，这是人之所以为人的根本所在。

生死自然：不忧死，不惧死。

追求不朽：崇尚奋斗，讲道德、讲责任、讲有为。

我们无法增加生命的长度，但能追求生命应有的高度。

我们无法留下永恒的肉体生命，但能追求千古不朽的精神生命。

人的一生活着有三条"命"：性命、生命和使命。性命即活命，动物意义上的生存下来；生命，即人不仅仅是以动物本能状态活着，而且明白活着的生命意义；使命即明白社会、国家所赋予的历史责任与担当，即历史使命。

习近平《致全国青联十二届全委会和全国学联二十六大的贺信》："士不可以不弘毅，任重而道远。"。

国家的前途，民族的命运，人民的幸福，是当代中国青年必须和必将承担的重任。

6. 树立正确的荣辱观

"荣"即荣誉，是指社会对个人履行社会义务所给予的褒扬与赞许，以及个人所产生的自我肯定性心理体验。

"辱"即耻辱，是指社会对个人不履行社会义务所给予的贬斥与谴责，以及个人所产生的自我否定性心理体验。

中国古人向来注重荣与辱，并通过"知耻"来进行道德评价和判断。

孔子说："知耻近乎勇。"（《礼记·中庸》）孟子说："无羞恶之心，非人也。"（《孟子·公孙丑上》）管仲说："礼义廉耻，国之四维。"（《管子·牧民》）中国古人早就把知耻之心与人的文明修养和国家安危紧密联系在一起。

新时代大学生只有具备正确的荣辱观，明确是非、对错、善恶、美丑的界限，践行社会主义荣辱观，才能为自身判断行为得失、做出道德选择、确定价值取向，提供基本的价值取向和行为规范。

（二）反对错误人生观

是非明，方向清，路子正，人生实践才会获得应有的价值；但是现实生活中还存在种种错误的人生观，侵蚀着大学生的心灵，影响学生正确的人生观形成。大学生必须学会正确分析、正确抉择，警惕和自觉抵制它们的侵蚀。

1. 反对拜金主义

拜金主义认为金钱可以主宰一切，把追求金钱作为人生至上的目的。拜金主义是引发自私自利、钱权交易、行贿受贿、贪赃枉法等丑恶现象的重要思想根源。

金钱本身没有对错，关键在于人的态度。

人应当是金钱的主人，而不是金钱的奴隶；应当依靠自己的劳动创造财富，合理合法获取金钱。生活中还有许多远比金钱更有意义的东西值得我们去追寻。

挪威剧作家易卜生说过："金钱能买来食物，却买不来食欲；金钱能买来药品，却买不来健康；金钱能买来熟人，却买不来朋友；金钱能买来奉承，却带不来信赖。"①

2. 反对享乐主义

享乐主义主张人生就在于满足感官的需求与快乐。

爱因斯坦说过："我从来不把安逸和快乐看作是生活目的本身，把这种生活看成是幸福的基础，我叫它猪栏的理想。"

健康有益的、适度的物质生活和文化生活，是人的正当需要，也有利于促进经济社会的发展。在日常生活中应树立正确的消费观。

弗洛姆认为，享乐主义使"我们这个社会里的人都是不幸的人：孤独、恐惧、抑郁、具有依附性和破坏性"。

享乐主义的错误实质：从人的自然本性出发，把吃喝玩乐作为人生的唯一目的和最大的乐趣，把人与动物完全等同起来。只讲生活享受，不讲财富创造，把享受与创造对立起来。把自己的快乐建立在他人受苦的基础上。

正当享受与享乐主义不是一回事。人们通过自己劳动在物质生活和精神生活上适度地得到满足是正当的，有利于促进经济社会的发展。但是在校学生不能用父母的血汗钱追求自己生活上的高消费，有的甚至负债累累，追求感官的快乐与需求。

物质生活的享受与精神生活的享受是统一的。我们要反对享乐主义，不能把物质上无止境的个人满足作为享受的全部内容和生活的唯一目的，仅沉溺于感官的快乐和满足，把物质生活需要和精神生活需要割裂开来，把享受与劳动对立起来。

请看案例，寒门学子张某某（假名）贪图生活快乐享受人生，追逐名牌和奢侈品，比阔气、讲排场，专业学习上得过且过，荒废了自己的青春岁月，结果第一学年结束，四门专业课不及格，被学校劝退。

---

① 本书编写组. 思想道德修养与法律基础 [M]. 北京：高等教育出版社, 2018: 20.

3. 反对极端个人主义

个人主义是以个人利益为出发点和归宿的一种思想道德体系，主张个人就是目的，具有最高价值，社会和他人只是达到个人目的手段，是生产资料私有制的产物，是资产阶级人生观的核心。极端个人主义突出强调以个人为中心，在个人与他人、个人与社会的关系上表现为极端利己主义和狭隘的功利主义。

请同学们讨论：怎样看待错误人生观的危害？

造成拜金主义、享乐主义、极端个人主义的根本原因是割裂了个人与社会、贡献与索取的关系。帮助学生认清这些错误的人生观的实质，就是要引导学生树立正确的人生观，在人生实践中完善自我、创造人生的美好价值。

二、以青春之奋斗创造人生价值

奋斗的人生最精彩，奉献的人生最有价值，只有顺应历史发展规律，把个人梦与中国梦融合在一起，把人民利益放在最高位置，才能使自己的人生变得有意义和富有社会价值。

习近平总书记2018年5月2日给北京大学学生提出四点希望：一是要爱国，忠于祖国，忠于人民；二是要励志，立鸿鹄志，做奋斗者；三是要求真，求真学问，练真本领；四是要力行，知行合一，做实干家。希望青年学子在校期间按照习近平总书记所提出的要求，练就真本领和储备正能量，做新时代实现中国梦的最美奋斗者。

（一）与历史同向

历史只会眷顾坚定者、奋进者、搏击者，而不会等待犹豫者、懈怠者、畏难者。

正确认识世界和中国发展态势，世界处在百年未有之变局，中国特色社会主义进入新时代，青年学生必须尊重顺应历史的选择和人民的选择，准确地把握中国发展的重要战略机遇期，提升民族自信心，增强时代责任感，肩负时代赋予的强国使命。

（二）与祖国同行

五四运动时期，青年学生勇立时代潮头为救亡图存奔走呐喊。新民主主义革命时期，为国捐躯、为革命事业奉献智慧、才智和生命的青年典范不胜枚举。中华人民共和国成立以来，更有无数青年学子积极投身社会主义现代化建设事业，展现时代风貌，勇于开拓进取。进入新时代，自觉地将人生目标同国家和民族的前途命运紧密联系在一起，在实现中国梦的伟大实践中最大限度地实现人生价值。

（三）与人民同在

人民群众是历史的创造者，是国家的主人；实现中国梦必须依靠和凝聚广大中国人民的力量。青年学子要坚持以人民为中心，做中国最广大人民根本利益的维护者；从人民群众中汲取营养，向人民群众学习，走与人民群众相结合的道路。

请看视频：《安贫乐道半世纪》。

习近平总书记在知识分子、劳动模范、青年代表座谈会上的讲话中指出："所有知识要转化为能力，都必须躬身实践。要坚持知行合一，注重在实践中学真知，悟真谛，加强磨炼、增长本领。"

社会实践是青年锻炼成长的有效途径，是实现人生价值的必由之路。新时代青年学子就是要投身到全面建成小康社会、加快推进社会主义现代化强国和实现中华民族伟大复兴中国梦的伟大实践中去；在基层一线砥砺品质，在同人民群众的密切联系中锤炼作风，不断提高实践能力、创新能力，实现最大的人生价值，创造无悔的青春。

人重要的不是活着，而是怎样活着。人一生的究竟活得怎样，只能以自己一生的实践来回答。

请大家思考，如何实现人生价值？

（教师在线上发布对此问题进行讨论的公告，督促同学们进行认真讨论和交流，现场完成对第一章单元的测试）

（教师利用线上平台发放新生理想信念调查问卷，请同学们认真填写，

教师要统计分析数据，形成调研报告。调研问卷样本每个教师自行设计）

习近平总书记2018年5月2日在北京大学师生座谈会上指出："广大青年应该在奋斗中释放青春激情、追逐青春理想，以青春之我、奋斗之我，为民族复兴铺路架桥，为祖国建设添砖加瓦。"

（教师点评）正如同学们刚才所讨论的一样，实现人生价值，既要考虑主客观条件的许可，更要努力创造条件；作为新时代的大学生，我们不要做语言上的巨人，行动上的矮子，而是要用劳动和奋斗在实践中不断地创造有意义的人生。

【思考与讨论】

1. 大学生怎样辩证地对待人生矛盾？

2. 现实生活中存在哪些错误的人生观？如何自觉抵制这些错误的人生观？

3. 怎样创造有意义的人生？

【阅读文献】

1. 中共中央文献研究室．习近平关于青少年和共青团工作论述摘编[M]．北京：中央文献出版社，2017.

2. 习近平．在实现中国梦的生动实践中放飞青春梦想[M]//习近平谈治国理政：第1卷．北京：外文出版社，2018.

专题七：精神之钙
——如何坚定理想信念放飞青春梦想

【教学目的】通过本专题学习，引导大学生正确理解理想和信念的内涵与特征，明确当代大学生树立远大理想和崇高信念的意义，即理想信念是精神之"钙"，理想指引人生方向，信念决定事业成败；同时，引导大学生树立科学崇高的理想信念，正确处理理想与现实、个人理想和社会理想之间的关系，让大学生明白既要志存高远，又要脚踏实地，不断践行科学崇高的理想信念。

【教学重点】理想信念的科学内涵、特征和作用，引导学生坚定马克思主义信念、中国特色社会主义共同理想和共产主义理想。

【教学难点】正确理解理想和现实、个人理想和社会理想之间的关系，既要志存高远，又要脚踏实地，在实现中国梦的伟大实践中放飞青春梦想。

【教学方法】采用线上线下混合式教学，从剖析新生理想和信念现状调查结果入手，利用案例、视频与红色资源来引导大学生正确理解理想和信念的科学内涵与特征及其作用；同时理论联系实际，引导大学生正确处理理想和现实、个人理想和社会理想之间的关系，坚定马克思主义信念，牢固树立中国特色社会主义理想和共产主义远大理想。

【教学元素】经典名言、调查问卷及其数据分析、教学案例、红色资源、视频。

【课堂讲授】

理想信念是人们对未来的向往和追求，是一个人的世界观和政治立场在奋斗目标上的集中体现。有无理想信念，有什么样的理想信念，决定了人生是高尚充实，还是庸俗空虚。追求远大理想、坚定崇高信念，是大学生健康成长、成就事业、开创未来的精神支柱和前进动力。只有自觉践行崇高科学的理想信念，才能真正创造自己精彩的人生。

古人云："穷且益坚，不坠青云之志""百学须立志""志当存高远"。列夫·托尔斯泰说过："理想是指路明灯，没有理想，就没有坚定的方向，没有方向，就没有真正的生活。"

理想是生命的太阳，给生活不断以新的希望；理想是一种无形的动力，人的活动如果没有理想的鼓舞，就会变得空虚而渺茫。

习近平总书记寄语青年："青年兴则国家兴，青年强则国家强。青年一代有理想、有本领、有担当，国家就有前途，民族就有希望。"[①]

对什么都无所谓，什么都可以，不争不抢，不求输赢，一切随缘随性，看似超脱无欲无求，实则是当今"佛系青年"的内心无理想信念的真实写照。在这样的心态下，理想的光芒变得有些暗淡，理想与现实的对比变得有些失落，因为过于急功近利，弄得人心浮躁，心无定所。

（此处教师要分析关于新生理想信念的调查数据，引导大学生要志存高远，坚定科学的理想信念，把个人梦融入中国梦，在实现中国梦的实践中放飞自己的青春梦想）

罗曼·罗兰说："最可怕的敌人，就是没有坚强的信念。"

王国维的"人生三境界"：第一境界是"立"——"昨夜西风凋碧树。独上高楼，望尽天涯路"；第二境界是"守"——"衣带渐宽终不悔，为伊消得人憔悴"；第三境界是"得"——"众里寻他千百度，蓦然回首，那人却在灯火阑珊处"。如果没有第一境界即"立志"，就不可能有第二、第三境界"守志"和"得志"。

[①] 习近平. 决胜全面建成小康社会夺取新时代中国特色社会主义伟大胜利——在中国共产党第十九次全国代表大会上的报告[M]. 北京：人民出版社，2017：70.

一、理想信念的内涵与特征

（一）理想的内涵与特征

人与动物不同，人生在世，既离不开对物质生活的依赖，更离不开对精神生活的追求。活在世上的每一个人，都会有自己的对未来生活的向往与追求。只有树立了正确的理想并为之奋斗的人，才能找到人生最美好的归宿。

俗话说："人无志不烈，马无烈不奇。"子曰："三军可夺帅也，匹夫不可夺志也。"（《论语·子罕》）

1. 理想的内涵

什么是理想？

不同学科给予理想不同的界定。哲学——理想是人生之最高准则；社会学——理想是人们对未来美好生活和美好社会的向往和追求；政治学——理想是人们的政治立场和世界观的集中反映，是支配一定社会人们行动的强大精神力量；心理学——理想是指向未来，指向人的生活和活动的远景；美学——理想是至善至美的生活；伦理学——理想是最高尚的人格；人生学——理想就是人生的奋斗目标，是个人如何度过自己一生的总体规划。理想宏观上指追求理想社会；中观上指追求民族解放、国家独立和富强；微观上指追求个人理想。

马克思主义认为，理想是人们在实践中形成的有实现可能性的对未来社会和自身发展目标的向往与追求，是人们的世界观、人生观和价值观在奋斗目标上的集中体现。

为什么要有理想？追求理想就是追求人活着的真正意义。

现在有些人认为"追求为痛苦之源，平庸为快乐之本"，主张清心寡欲。同时，有一些人认为理想是人之为人的根本。苏格拉底说："世界上最快乐的事，莫过于为理想而奋斗。"雨果说："人有了物质才能生存，人有了理想才谈得上生活。"杨丽萍立志成为一个舞蹈家，创造了震撼全世界的"千手观音",圆了"残缺的花之梦";"生命,总是有梦的。哪怕是一棵受伤的树,也要献出一片绿荫;即使是一朵残缺的花,也想散发全部的芬芳"。

中央美院画家陈丹青在与中国青年政治学院学生畅谈自己理想的交流中说过:"我的一生梦想就是做一个人民画家。"从1969年初中毕业后将近40年的时间里,只有9年是有工作的,31年没有工作,而能够生存下来,令他自己都感到很惊讶。1970年插队,19岁当农民的陈丹青,白天在地里干活,晚上只能在家信中描述自己的画家梦。后来报考了南昌文艺学校的舞台艺术绘画工作人员,但结果失败了。1973年,他被借调到江西人民出版社,创作连环画。那一年他画了三本连环画,一本插图。但一年后,因为出身不好再次回到农村。1974年,陈丹青在一个他所在大队企业办的骨灰盒厂画画,在骨灰盒空白处画青松、白鹤、夕阳、落日、兰花。从1975年到1976年一整年内,共画了600多个骨灰盒。改革开放后,陈丹青在参加招工的过程中,在江浦文化馆以一个见习美工的身份工作了一年;1980年研究生毕业后,在中央美院工作一年;2000年,从美国回来后,在清华美院任教授7年,此外都是一个人单干。他说:"对画画,我从来没有动摇过。"

【案例点评】一个人必须不断地追求自己的理想,坚定自己的信念才能够活出人之为人的真正意义。

理想究竟有哪些类型?从真理性来看可以分为科学理想和非科学理想,从层次性来看可以分为崇高理想和一般理想;从理想时序上看,可以分为长远理想和近期理想;从理想的对象上看,可以分为个人理想和社会理想;从理想的内容上看,可以分为社会政治理想、社会道德理想、职业理想、生活理想。

2. 理想的特征

理想具有超越性。理想既要立足于现实,又要不断地超越现实,不断充满对未来的生活的向往和追求。与现实相比,理想是与奋斗目标相联系的未来的现实,是人们对未来美好生活的憧憬和期待。

理想具有实践性。理想是在现实生活的基础上,对未来物质生活和精神生活的能动反映,受现实条件的制约;在实践中产生,在实践中发展,在实践中得以实现。理想来源于现实生活，在将来又会变成新的现实生活。理想既不是幻想即虚幻的想象，也不是空想即违背客观规律从而根本不可能实现的想象。

理想具有时代性。理想是时代的产物，受时代条件制约，必然带着特定阶级的烙印，随着时代的发展而发展。比如新时代全国各族人民追求的共同理想，就是中国梦即实现中华民族的伟大复兴。

流沙河的一首诗《理想》非常生动形象：

饥寒的年代里，理想是温饱；温饱的年代里，理想是文明。
离乱的年代里，理想是安定；安定的年代里，理想是繁荣。

理想具有层次性。三个工人在砌一堵墙。有人问："你们在干什么？"第一个人没好气地回答："没看见吗？砌墙。"第二个人笑了笑说："我们在盖一幢楼。"第三个人则边干活边哼着歌，他的笑容就像阳光一样灿烂。他说："我们正在建设一个城市。"十年后，第一个工人在另外一个工地上砌墙；第二个工人坐在办公室里画图纸，他成了工程师；第三个人，则成了城市的高级管理者。

（二）信念的内涵与特征

1. 信念的内涵

信念是人们在一定的认识基础上确立的对某种思想或事物坚信不疑并身体力行的精神状态。信念，是一种强大的内在的精神寄托，是托起人生大厦的支柱。

2. 信念的特征

信念具有执着性。信念一旦形成就不会轻易改变。坚定的信念使得人们具有强大的精神定力，不为利益所驱动，不为诱惑所扰，不为困难所惧。对待自己的信念要有执着的态度，但不可具有迂腐性和顽固性，需要根据条件的变化自觉用正反两方面的实践去校正自己的信念，不可死抱着不放；否则，执着就会变成走向末路的催化剂。只有执着地坚持科学的信念才是值得的。无数的革命先烈坚信只有社会主义、共产主义才能够救中国，为此坚定不移、前仆后继，哪怕为此献出生命也在所不惜。革命烈士夏明翰的诗："砍头不要紧，只要主义真，杀了夏明翰，还有后来人"正是先辈们对共产主义信仰的坚贞不移的真实写照；大发明家爱迪生，在他发明电灯的过程中试验了一万余次之后才获得了成功。实验成功的力量是什么？就是他内心拥有一个执着的一定能找到一种物质可做灯丝的坚定信念。

信念具有多样性。

不同的人由于社会环境、思想观念、利益的需要、人生经历、性格特征有差异，会形成不同的信念；同一个人也会形成不同类型和层次的信念，构成信念体系。

《格言联璧》中记载说："志之所趋，无远勿届，穷山距海，不能限也。志之所向，无坚不入，锐兵精甲，不能御也。"

请看案例："我不知道你的名字，但我终于成了你"——汶川地震少年从军寻找恩人。

强天林来自四川广元，2008年汶川地震时年仅14岁的他在回家途中遭遇余震，一名解放军军官用身体为他挡住了落石并将他护送到安置点。中国军人的担当和血性让他永生难忘，他告诉这位军人："叔叔，长大后我要成为你。"

经过不懈努力，10年后他终于成为国防科技大学一名中尉排长。从一个成绩垫底的懵懂的男孩成长为一个目光如炬、胸怀坦荡的优秀青年，10年的实践，那份冲动不知不觉间变成了他的信仰。他正在追寻自己梦想的道路上不断攀登。

3. 理想与信念的区别和联系

理想的侧重点在于标志人与奋斗目标之间的关系，主要是指向未来的，为人们的行动指明方向。信念的侧重点在于标志人对事物、观念的看法和态度，主要是面对现实的，为人们的行动提供精神支持。理想是信念的根据和前提，信念则是理想的重要保障。

二、理想信念是精神之"钙"

习近平总书记说:"理想信念是人的精神世界的核心,形象地说,理想信念就是共产党人精神上的'钙',没有理想信念,理想信念不坚定,精神上就会'缺钙',就会得'软骨病'。"

"钙"是人体重要的生命元素。精神之"钙"就是指理想信念。缺"钙"的表现有政治上变质、经济上贪婪、道德上堕落、生活上腐化。

理想指引人生方向,信念决定事业成败。同学们在校期间,既要具有扎实的专业知识和综合能力,更要坚定科学、崇高的理想信念,充分认识到做人决不能"缺钙"。

请观看视频:《中央纪委曝光8起扶贫领域腐败和作风问题》。

(点评)这些领导干部腐败和作风问题的深层次根源就在于缺乏理想信念。

(一)理想信念昭示奋斗目标——人生的"灯塔"

理想信念能够向人生提供目的和意义,向人们指明追求的目标和前进的方向。它一旦确立,就可以使人精神振奋,在复杂的人生境遇中透过迷雾看到曙光,永不迷失前进的方向。

请看案例:新生活从选定方向开始。

非洲撒哈拉大沙漠中有一个叫作比塞尔的村庄,它地处一块绿洲的旁边,被誉为沙漠中的一颗明珠,如今每年都有数以万计的旅游者来到这儿观光游览。可当初若不是肯·莱文从这里走了出去,并把它介绍给世人,恐怕这里至今还不为人们所知。

少年毛泽东说:"孩儿立志出乡关,学不成名誓不还。埋骨何须桑梓地,人生无处不青山。"

青年周恩来说:"大江歌罢掉头东,邃密群科济世穷。面壁十年图破壁,难酬蹈海亦英雄。"

司马迁以其"究天人之际，通古今之变，成一家之言"的史诗创作了中国第一部纪传体通史《史记》，被鲁迅誉为"史家之绝唱，无韵之离骚"。

李大钊说："青年啊，你们面临开始活动之前，应该定方向。譬如航海远行的人，必先定个目的地，中途的指针，总是指着这个方向，才能有达到那个目的地的一天，若是方向不定，随风飘转，恐怕永无达到的日子……"

请看案例：治沙造林的恩格贝人。

恩格贝是内蒙古布齐沙漠中的一片荒漠。10年前，一些有理想、有追求的创业者，先后来到这里，治沙植树，改造沙漠，使恩格贝逐渐变成了绿洲。

王海明是第一位创业者。他原来是鄂尔多斯集团的副总裁，最初来到这里，是要种草养羊，为企业提供更多的羊绒。可是，企业投入的600多万元资金，并没有见到多少效益，他自己也累倒了。一场大病之后，他做出了重大的人生抉择：辞去集团副总裁的职务，承包恩格贝，一心一意治理沙漠。很多人不理解，有人说他是为了争名。王海明说："要说争名，我争的是大名，给中国人争一个脸面，给整个人类争一个脸面。绿化沙漠建立的不仅是美好的物质家园，更是一个高尚的精神家园。"

（教师点评）王海明追求治理沙漠、绿化恩格贝的理想，不仅收到了较好的社会经济效益，而且提升了个人的思想精神境界，使自己成为一个高尚的人。

（二）理想信念提供前进动力——人生的"动力源"

理想信念能够给人生一种推进的力量，为人生实践提供动力和毅力。一个人有了自觉的理想和信念，就会立场坚定，方向明确，意志坚强，热情高涨，精力旺盛。伟大的人生源于伟大的目标，伟大的目标产生伟大的动力，即动力＝目标价值×期望概率，这个公式形象地揭示了个人拼搏的动力与理想之间的正比例关系。

李时珍踏遍青山，尝遍百草，写成了《本草纲目》。马克思呕心沥血40年，阅读了1500种书籍，写出了《资本论》。人们一直认为4分钟跑1英里是不可能的事。但1954年，著名的短跑名将罗杰·班纳斯特却做到了。他的成功得益于体能上的苦练和精神上的突破。他曾在脑海里多次模拟4分钟跑完1英里，长久下来便成为一种强烈的信念，有了无比的动力。

（三）理想信念提高精神境界——人生的"涅槃石"

理想信念是衡量一个人精神境界高下的重要标尺，是人的精神世界的核心。它一方面能支撑着人们的精神和意志，使人不为巨大的困难所压倒，能在困难和逆境中振作起来，战胜艰难险阻，使人的内心世界保持心灵的充实和安宁，避免内心世界的空虚和迷茫；另一方面，能引导人们不断追求更高的人生目标，提高精神品位，塑造高尚人格。一个人的理想信念越崇高、越坚定，精神境界和人格就会越高尚。

请看案例：法国人为献身微生物学研究的奠基者巴斯德塑像。

法国微生物学奠基者巴斯德，为了战胜袭击整个法国的疾病，连续坚持工作了五年，五年期间，承受痛失亲人和本人中风瘫痪的极大痛苦和压力，坚持科学研究，甚至有时每天工作18个小时。终于以自己的研究成果防止了一场危及全国的灾难，法国人民为此专门给他塑像，以铭记他对人民的贡献。

（教师点评）理想是一个人的灵魂，是人生大厦的支柱；一个人具有坚定的理想信念，能够使人战胜各种困难，不断追求自己既定的人生目标。

三、树立崇高科学的理想信念

（播放视频：《始于才华忠于信仰》）

（一）坚定马克思主义信仰

习近平总书记说："两个世纪过去了，人类社会发生了巨大而深刻的变化，但马克思的名字依然在世界各地受到人们的尊敬，马克思的学说依然闪烁着耀眼的真理光芒！"[1]

---

[1] 习近平. 在纪念马克思诞辰200周年大会上的讲话［N］. 人民日报，2018-05-05.

马克思是"千年第一思想家",1818年5月5日出生于德国特利尔城。他是马克思主义的创始人,第一国际的组织者和领导者,全世界无产阶级和劳动人民的伟大导师,无产阶级的精神领袖,国际共产主义运动的先驱和领导者。马克思是德国伟大的思想家、政治家、哲学家、经济学家、革命家和社会学家。"马克思给我们留下的最有价值、最具影响力的精神财富,就是以他的名字命名的科学理论——马克思主义。这一理论犹如壮丽的日出,照亮了人类探索历史规律和寻求自身解放的道路。"①

请看视频:《习近平教你读懂马克思》。

(教师点评)习近平用三个"一生",高度评价了马克思的谋求人类幸福、探求真理、献身革命的一生;用"四种品性"高度赞扬了马克思主义理论品格;用"九个学习"指明了马克思主义对新时代中国特色社会主义的指导作用。

1. 马克思主义体现了科学性和革命性的统一

马克思主义是迄今为止最科学、最严密、最有生命力的理论体系,包括马克思主义哲学、政治经济学和科学社会主义;深刻揭示了自然界、人类社会和思维发展的普遍规律。在人类思想史上,就科学性和真理性而言,还没有一种思想理论能够达到马克思主义的高度,还没有一种学说像马克思主义那样对世界历史产生如此巨大的影响。

英国BBC给予马克思以高度的评价:"马克思作为一位哲学家、社会学家、历史学家和革命者所取得的成果在今天仍然得到学术界的尊重。不管今天世界上对马克思的学说有多少种解释,他的学说的科学论证和主要核心是否定不了的。马克思运用他的智慧和学说,指出了解决让人类受苦的问题方案,人类必须改变生产和生活方式,人和人必须平等;消灭主子和奴仆的关系,人人都是社会、国家的主人。人类将创造共同富裕的历史新篇章,使所有人都能发挥自己的才智。人类将会消灭战争,消灭贫穷,消灭仇恨,幸福

---

① 习近平. 在纪念马克思诞辰200周年大会上的讲话 [N]. 人民日报, 2018-05-05.

地生活在互助互爱的地球村里。"①

马克思主义是人民的理论,第一次站在人民的立场探求人类自由解放的道路,以科学的理论为最终建立一个没有压迫、没有剥削、人人平等、人人自由的理想社会指明了方向。马克思主义之所以具有跨越国度、跨越时代的影响力,就是因为它植根于人民之中,指明了依靠人民推动历史前进的人间正道。

恩格斯说过:"马克思的世界观远在德国和欧洲境界以外,在世界的一切文明语言中都找到了拥护者。"②

列宁说:"凡是人类社会所创造的一切,他都有批判地重新加以探讨,任何一点也没有忽略过去。凡是人类思想所建树的一切,他都放在工人运动中检验过,重新加以探讨,加以批判,从而得出了那些被资产阶级狭隘性所限制或被资产阶级偏见束缚住的人所不能得出的结论。"③

世纪之交,英国广播公司(BBC)在全球范围内举行过一次"千年思想家"网上评选,马克思位列榜首,得票率高于分列第二、第三、第四的爱因斯坦、牛顿和达尔文。马克思逝世100多年后仍然能产生如此广泛而巨大的影响,表明了以他名字命名的马克思主义具有无穷的思想魅力。

2. 马克思主义具有鲜明的实践品格

马克思主义是实践的理论,指引着人民改造世界的行动。马克思说,"全部社会生活在本质上是实践的"④,"哲学家们只是用不同的方式解释世界,而问题在于改变世界"⑤。实践的观点、生活的观点是马克思主义认识

---

① 闵维方. 党的先进性和执政能力建设研究[M]. 北京:北京大学出版社,2006:365.
② 马克思,恩格斯. 马克思恩格斯选集:第4卷[M]. 北京:人民出版社,1995:212.
③ 中共中央马克思恩格斯列宁斯大林著作编译局. 列宁选集:第4卷[M]. 北京:人民出版社,1995:284-285.
④ 马克思,恩格斯. 马克思恩格斯文集:第1卷[M]. 北京:人民出版社,2009:501-502.
⑤ 马克思,恩格斯. 马克思恩格斯文集:第1卷[M]. 北京:人民出版社,2009:501-502.

论的基本观点,实践性是马克思主义理论区别于其他理论的显著特征。

170年来,正是在马克思主义的指导下,社会主义由空想变成科学,由科学理论转变为社会实践。这个伟大的认识工具,就是辩证唯物主义和历史唯物主义。毛泽东形象地把它比喻为"望远镜"和"显微镜"。

马克思主义是我们立党立国的根本指导思想,是近代以来中国历史发展的必然结果,是中国人民长期探索的历史选择。习近平总书记在纪念马克思诞辰200周年大会上,用"九个学习"指明了马克思主义对新时代中国特色社会主义的指导作用。

请看案例:大型电视理论节目《社会主义有点潮》。

第一季:以乌托邦是座什么岛、《共产党宣言》是本什么书、阿芙乐尔号为什么开炮、南湖的红船为什么能破浪前行、中国特色社会主义特在哪、中国梦是个什么梦为问题导向,再现了社会主义从空想到科学、从理论到实践、从一国到多国潮涌500年的历史。

(播放视频《社会主义有点潮》第一季)

第二季:以"新思想从哪里来""新思想新在哪""新思想带来什么新变化""新思想告诉我们怎么干""新思想带我们到哪里去"为问题导向,展示了习近平新时代中国特色社会主义思想的科学内涵和独特的魅力。

(播放视频《社会主义有点潮》第二季)

(案例点评)《社会主义有点潮》最大的特点是它展示了马克思主义在21世纪依然闪烁着真理的光芒,社会主义潮涌500年,21世纪中国的马克思主义展现出更加强大、更有说服力的真理力量。这是一部集通俗性、思想性、科学性、娱乐性于一身的优秀电视理论片。

3. 马克思主义具有持久的生命力

马克思主义具有与时俱进的理论品格和持久生命力。马克思主义是不断发展的开放的理论,始终站在时代的前沿。正如习近平总书记所说:"马克思一再告诫人们,马克思主义理论不是教条,而是行动指南,必须随着实践的变化而发展。"马克思主义不但不排斥而且最能够吸收和提炼人类创造的一切科学知识,并将其运用于推动社会历史的进步,尤其是把中国特色社会主义推进新时代。

请同学们利用手机通过智慧工具在线上观看视频《飞跃》。

（课中线上进行回帖，现场抽取3名学生分享自己的看法）

请看案例：信仰之本——《共产党宣言》。

《共产党宣言》由马克思执笔写成，它是马克思和恩格斯为共产主义者同盟起草的纲领，是国际共产主义运动第一个纲领性的文献，是马克思主义诞生的重要标志。

毛泽东说："《共产党宣言》使我树立起对马克思主义的信仰。"

刘少奇说："从这本书中，我了解共产党是干什么的。"

周恩来说："在赴法国之前，我从译文中读过《共产党宣言》。"

邓小平说："我的入门老师是《共产党宣言》。"

马克思主义中国化、时代化和大众化历程彰显了它强大的生命力、创造力和感召力。十月革命一声炮响，马克思主义火种传入中国。中国先进知识分子高举真理的火炬，成立了为共产主义而奋斗的中国共产党。从此，中国人民在精神上找到了主心骨，中国发展在方向上找到了定盘星。中国共产党人开始了将马克思主义和中国实际相结合的探索，历经艰辛，创立了毛泽东思想。

中国特色社会主义理论体系不断丰富和发展。邓小平理论主要是探讨建设什么样的社会主义，怎样建设社会主义；"三个代表"重要思想主要是探索建设什么样的党，怎样建设党；科学发展观主要是回答实现什么样的发展，怎样发展；习近平新时代中国特色社会主义思想是回答新时代坚持和发展什么样的中国特色社会主义，怎样坚持和发展中国特色社会主义。

马克思主义是党和人民事业不断发展的参天大树之根本，是党和人民不断奋进的万里长河之泉源。

习近平总书记说："对马克思主义的信仰，对社会主义和共产主义的信念，是共产党人的政治灵魂，是共产党人经受住任何考验的精神支柱。"[1]

---

[1] 本书编写组. 十八大报告辅导读本 [M]. 北京：人民出版社，2012：381.

(二) 坚定中国特色社会主义共同理想

习近平总书记在党的十九大报告中向世人郑重宣誓:"不忘初心,牢记使命,高举中国特色社会主义伟大旗帜,决胜全面建成小康社会,夺取新时代中国特色社会主义伟大胜利,为实现中华民族伟大复兴的中国梦不懈奋斗。"① 那么,我们的"初心"是什么?"使命"是什么?

请看案例:"红船精神"昭示初心、承载使命。

2017年10月31日,党的十九大闭幕仅一周,习近平总书记带领全体中央政治局常委同志集体出行,瞻仰上海中共一大会址和浙江嘉兴南湖红船,回顾建党历史,重温入党誓词。

无论走到哪里,无论走得多么辉煌,不能忘记我们为什么出发。习近平总书记说:"上海党的一大会址、嘉兴南湖红船是我们党梦想起航的地方。我们党从这里诞生,从这里出征,从这里走向全国执政。这里是我们党的根脉。"

学习红船精神,就是要学习开天辟地、敢为人先的首创精神,坚定理想、百折不挠的奋斗精神,立党为公、忠诚为民的奉献精神。

请观看视频:《不忘初心 牢记使命 永远奋斗》。

中国共产党人的初心和使命,就是为中国人民谋幸福,为中华民族谋复兴。这个初心和使命是激励中国共产党人不断前进的根本动力。

我们的共同理想,就是在中国共产党的领导下,走中国特色社会主义道路,实现中华民族的伟大复兴。

1. 中国特色社会主义是科学社会主义

只有社会主义才能救中国,只有中国特色社会主义才能发展中国。坚持中国特色社会主义,就是真正坚持科学社会主义。坚持和发展中国特色社会主义是中国社会发展历史逻辑和科学社会主义理论逻辑的统一。

中国特色社会主义,不是简单延续我国历史文化的母版,不是简单套用

---

① 习近平. 决胜全面建成小康社会夺取新时代中国特色社会主义伟大胜利——在中国共产党第十九次全国代表大会上的报告[M]. 北京:人民出版社,2017:1.

马克思主义经典作家设想的模板，不是其他国家社会主义实践的再版，也不是国外现代化发展的翻版；它既坚持了科学社会主义基本原则，又根据时代条件赋予其鲜明的中国特色。

2. 坚定对中国共产党的信任

中国共产党是中国工人阶级的先锋队，同时是中国人民和中华民族的先锋队，是中国特色社会主义事业的领导核心。历史已经并将继续证明，没有中国共产党的领导，民族复兴必然是空想。办好中国事情，关键在党。2020年新冠肺炎疫情形势严峻，中国共产党不忘初心，把人民利益放在最高位置，采取了史无前例的安全措施，凭借"中国速度"新建医疗设施和不断完善预防手段，而且发挥了集中统一领导的组织优势和制度优势，从全国各地调集了42000多名医护人员和4000多名解放军战士，投入到抗疫前线，有效地控制了疫情蔓延和扩散。美国作家萨拉·弗朗德斯撰文深刻地指出："中国针对新型冠状病毒所采取的措施，在资本主义国家是闻所未闻的。在危机中或者紧急情况下，人民的福祉优先于资本主义利润。当危机来临的时候，共产党领导着国家有能力作出不受资本主义利润支配的决定。"中国共产党领导是中国特色社会主义最本质的特征，是中国特色社会主义制度的最大优势，必须坚持党对一切工作的领导。全面从严治党，必须坚持两个革命，一以贯之。正如习近平总书记所说："实践充分证明，中国共产党能够带领人民进行伟大的社会革命，也能够进行伟大的自我革命。"[1]

青年大学生只有坚持中国共产党的领导，肩负党的初心和使命，自觉地把为人民谋幸福作为自己的人生信条，为祖国和人民贡献青春才智，才能大有作为。

3. 坚定中国特色社会主义信念

坚定中国特色社会主义信念，就是坚定道路自信、理论自信、制度自信、文化自信。坚定"四个自信"，是坚定理想信念的根本途径。

习近平总书记说："当今世界，要说哪个政党、哪个国家、哪个民族能

---

[1] 习近平. 推进党的建设新的伟大工程要一以贯之 [J]. 求是，2019 (19)：1.

够自信的话，那中国共产党、中华人民共和国、中华民族是最有理由自信的。"①

我们凭什么自信？

（教师课前在线上发布了对此问题进行讨论的公告，课中同学们带着问题和思考走进课堂，现场抽取 2~3 名学生分享自己的看法）

中国特色社会主义特就特在中国特色社会主义道路自信、理论自信、制度自信和文化自信及其内在关联性上，统一于中国特色社会主义伟大实践。习近平总书记说："全党要更加自觉地增强道路自信、理论自信、制度自信、文化自信，既不走封闭僵化的老路，也不走改旗易帜的邪路。"②

（1）道路自信——人间正道

中国特色社会主义道路是国家富强之路、人民富裕之路、民族复兴之路。

请看案例：历史性的成就和伟大变革。

第一，经济总量，国内生产总值从 54 万亿元增长到 80 万亿元，稳居世界第二，对世界经济增长贡献率超过 30%。

第二，人均 GDP，40 年前，人均 GDP 只有 384 美元，全球倒数第七。2018 年，人均 GDP 达到 9732 美元（步入中等收入国家）。

第三，大国重器，天宫、蛟龙、天眼、悟空、墨子、大飞机等重大科技成果相继问世。

第四，摩天大楼，40 年前，中国最高的大楼没有超过 200 米的，今天，全世界最高的 10 幢大楼中一半以上在中国。

第五，世界 500 强，40 年前，世界五百强中没有一家中国私营企业。2017 年世界五百强中中国企业数量已经达到了 115 家，其中有超过 25 家是我们的民营企业。

---

① 习近平. 在庆祝中国共产党成立 95 周年大会上的讲话 [N]. 人民日报, 2016-07-02.

② 习近平. 决胜全面建成小康社会夺取新时代中国特色社会主义伟大胜利——在中国共产党第十九次全国代表大会上的报告 [M]. 北京：人民出版社，2017：17.

第六，脱贫攻坚战，6000多万贫困人口稳定脱贫，贫困发生率从10.2%下降到4%以下。2020年我们要全面建成小康社会，打赢脱贫攻坚战。

习近平总书记说："五年来的成就是全方位的、开创性的，五年来的变革是深层次的、根本性的。五年来，我们党以巨大的政治勇气和强烈的责任担当，提出一系列新理念新思想新战略，出台一系列重大方针政策，推出一系列重大举措，推进一系列重大工作，解决了许多长期想解决而没有解决的难题，办成了许多过去想办而没有办成的大事，推动党和国家事业发生历史性变革。这些历史性变革，对党和国家事业发展具有重大而深远的影响。"①"改革开放之初，我们党发出了走自己的路、建设中国特色社会主义的伟大号召。从那时以来，我们党团结带领全国各族人民不懈奋斗，推动我国经济实力、科技实力、国防实力、综合国力进入世界前列，推动我国国际地位实现前所未有的提升，党的面貌、国家的面貌、人民的面貌、军队的面貌、中华民族的面貌发生了前所未有的变化，中华民族正以崭新姿态屹立于世界的东方。"②

（2）理论自信——真理永恒

中国特色社会主义理论体系，就是包括邓小平理论、"三个代表"重要思想、科学发展观、习近平新时代中国特色社会主义思想在内的科学理论体系，是对马克思列宁主义、毛泽东思想的坚持和发展。

习近平在纪念马克思诞辰200周年的讲话中指出：不断开辟当代中国马克思主义、21世纪马克思主义新境界——习近平新时代中国特色社会主义思想。

理论的生命力在于不断创新，推动马克思主义不断发展是中国共产党人的神圣职责。

（3）制度自信——天下归心

习近平总书记说："中国特色社会主义制度是当代中国发展进步的根本

---

① 习近平. 决胜全面建成小康社会夺取新时代中国特色社会主义伟大胜利——在中国共产党第十九次全国代表大会上的报告［M］. 北京：人民出版社，2017：17.
② 习近平. 决胜全面建成小康社会夺取新时代中国特色社会主义伟大胜利——在中国共产党第十九次全国代表大会上的报告［M］. 北京：人民出版社，2017：18.

制度保障,是具有鲜明中国特色、明显制度优势、强大自我完善能力的先进制度。"① 政治上,包括人民代表大会制度、中国共产党领导的多党合作和政治协商制度、民族区域自治制度和基层群众自治制度,经济上,以公有制为主体、多种所有制经济共同发展和以按劳分配为主体、多种分配方式并存;同时,形成以这些基本制度为基础的经济体制、政治体制、文化体制、社会体制、生态文明体制等各项体制机制。

(4) 文化自信——中华之魂

文化自信是一个国家、一个民族发展中更基本、更深沉、更持久的力量。文化自信的依据是中华优秀传统文化、红色革命文化、社会主义先进文化。

接下来我们看一段视频:《"我们的自信"文化篇——中华之魂》。

(三) 坚定共产主义理想

试问同学们,你知道人类社会的发展规律吗?人类社会有几种社会形态?你认为"共产主义是渺茫的幻想","共产主义没有经过实践检验"吗?

习近平总书记说:"历史和人民选择马克思主义是完全正确的,中国共产党把马克思主义写在自己的旗帜上是完全正确的,坚持马克思主义基本原理同中国具体实际相结合、不断推进马克思主义中国化时代化是完全正确的!"②

中国共产党一经成立,就把实现共产主义作为党的最高理想和最终目标,义无反顾肩负起实现中华民族伟大复兴的历史使命,团结带领人民进行了艰苦卓绝的斗争,谱写了气吞山河的壮丽史诗。

1. 共产主义是我们的最高理想

实现共产主义是我们的最高理想。马克思主义揭示了人类社会发展规律,即生产关系一定要适应生产力性质的规律,上层建筑一定要适应经济基

---

① 习近平. 在庆祝中国共产党成立 95 周年大会上的讲话 [N]. 人民日报,2016-07-02.

② 习近平. 在纪念马克思诞辰 200 周年大会上的讲话 [N]. 人民日报,2018-05-05.

础性质的规律。同时科学预测了未来社会的理想状态，指明了人类社会发展方向：资产阶级必然灭亡，无产阶级必然胜利。但是无论哪一个社会形态，在它所能容纳的全部生产力发挥出来以前，是绝不会消亡的；而新的更高的生产关系在它的物质存在条件在旧社会的胎胞里成熟以前，是绝不会出现的。共产主义只有作为"世界历史性的"存在才有可能实现。否则，只能作为某种地域性的东西而存在。

无论是美国蕴含着社会主义新因素搞资本主义，还是中国保留非公有制因素搞社会主义，谁也改变不了历史发展的总的趋势和走向都是共产主义。人类社会从低级向高级不断发展，有原始社会、奴隶社会、封建社会、资本主义社会、社会主义和共产主义社会。中国方案既能引领中国未来的发展走向，又能引领世界未来的发展走向。

习近平总书记指出："近些年来，国内外有些舆论提出中国现在搞的究竟还是不是社会主义的疑问，有人说是'资本社会主义'，还有人干脆说是'国家资本主义''新官僚资本主义'。这些都是完全错误的。"[1] 新时代，中国共产党人仍然要学习和实践马克思主义，在实践创新和理论创新的良性互动中发展21世纪的马克思主义。

共产主义社会将是一个什么样的社会？共产主义社会是物质财富极大丰富、实现按需分配、人的精神境界极大提高、每个人自由而全面发展的社会。

2. 共产主义是现实运动和长远目标相统一的过程

共产主义既是一种崇高的理想，又是美好的社会制度，更是一种现实的运动。"共产主义是渺茫的幻想""共产主义没有经过实践检验"的观点，是完全错误的，因为它割裂了共产主义远大理想与现实的辩证统一关系。共产主义既是人们对美好未来的向往与追求，又是现实的实践。中国共产党人把马克思主义基本原理同中国的具体实践结合起来，实现了"三次伟大飞跃"，

---

[1] 中共中央宣传部. 习近平总书记系列重要讲话读本 [M]. 北京：学习出版社，2016：29.

即中华民族从东亚病夫到站起来的伟大飞跃,中华民族从站起来到富起来的伟大飞跃,中华民族迎来了从富起来到强起来的伟大飞跃。

3. 共产主义远大理想的最终实现是一个漫长、艰辛的历史过程,需要一代又一代人付出艰苦的努力

共产主义运动历史进程:1848年《共产党宣言》问世,1917年第一个社会主义国家建立,二战后一大批社会主义国家勃然兴起,20世纪80年代末90年代初东欧剧变、苏联解体,新时代中国特色社会主义焕发出前所未有的生机和活力。

马克思主义科学预见人类社会最终必然实现共产主义,前途是光明的,道路是曲折的,需要一代又一代人的不懈奋斗和接续努力。

大学生要做到既要树立共产主义远大理想,又要脚踏实地坚持和发展中国特色社会主义,自觉做共产主义远大理想和中国特色社会主义共同理想的坚定信仰者和忠实的实践者。

(四) 正确处理理想与现实、个人理想与社会理想的关系

现实生活中,许多人在问:我真的有理想吗?怎么我心中的理想离我很遥远?现实生活怎么如此无助,甚至很无奈?

朱自清先生曾经对自己的现实想超越但又无助,留下了脍炙人口的散文《荷塘月色》:"像今晚上,一个人在这苍茫的月下,什么都可以想,什么都可以不想,便觉是个自由的人""树缝里也漏着一两点路灯光,没精打采的,是渴睡人的眼。这时候最热闹的,要数树上的蝉声与水里的蛙声;但热闹的是它们的,我什么也没有。"① (请同学们配音,在课中播放)

当今歌手赵雷创作歌曲《理想》,表达了对现实的伤感:一个人住在这城市,为了填饱肚子就已筋疲力尽,还谈什么理想;那是我们的美梦,梦醒后还是依然奔波在风雨的街头,有时候想哭就把泪掩进一腔热血的胸口,公车上,我睡过了车站;一路上,我望着霓虹的北京,我的理想把我丢在这个拥挤的人潮;车窗外已经是一片白雪茫茫,又一个四季在轮回,而我一无所

---

① 朱自清,冀洋. 朱自清散文名篇[M]. 长春:时代文艺出版社,2008:55.

获地坐在街头,只有理想在支撑着那些麻木的血肉。(请同学们配音,在课中播放)

为什么我理想中的生活很诱人,而现实中的生活总是很失望呢?理想很丰满,现实很骨感,困扰了多少才子佳人。根据一份调查数据显示,过去所确立的理想未能实现的原因是:6.3%的认为是"自己能力不足",29.5%的说是"没有毅力",8.4%将其失败归于"外界因素"的影响,55.8%的则选择的是"多方面原因导致"。

你怎么看待这些问题呢?今天我们就一起来探讨和学习怎么处理好理想与现实、个人理想与社会理想关系。

1. 理想与现实的关系

理想是美好的,现实却并不总是那么一帆风顺,理想与现实之间总是存在着差距。

请问你如何面对理想与现实的差距?

(线上发布主题,请大家思考,请两个同学现场分享自己的感悟)

(1) 辩证看待理想与现实的矛盾

要纠正两种错误。一种是用理想来否定现实。当发现现实不符合理想预期的时候,就对现实大失所望,甚至对现实采取全盘否定的态度。另一种是用现实来否定理想。在追求理想的过程中一遇到困难就产生畏难情绪,觉得理想遥不可及,丧失为理想而奋斗的信心和勇气,直至最终放弃理想。

导致错误的原因在于:从思想方法上讲,是由于不能辩证地看待和处理理想与现实的矛盾。理想和现实存在着对立的一面,理想不等同于现实,理想与现实又是统一的,理想受现实的规定和制约,不能脱离现实而幻想未来。现实是理想的基础,理想是未来的现实。在一定条件下,理想可以转化成未来的现实。

(2) 实现理想的长期性、艰巨性和曲折性

理想的实现是一个过程,理想越远大,实现的过程就越复杂,需要的实践也就越长。

要实现理想,要对实现理想过程中的长期性、艰巨性和曲折性有思想

准备。

实现理想、创造未来，必须有战胜种种艰难险阻的坚定不移的信心和坚忍不拔的毅力。

学会正确对待理想实现过程中的顺境与逆境。曾国藩说："顺境不惰，逆境不馁，以心制境，万事可成。"身处顺境要快上勇进，不能得意忘形。身处逆境，不能悲观失望，更要奋发进取。

社会主义运动的历史进程，充分印证了社会理想实现的道路是长期的、艰巨的和曲折的。正如俄国革命民主主义者车尔尼雪夫斯基所说的那样，不可能是像涅瓦大街那样笔直、平坦、宽广大道，不可能总是一帆风顺、一往直前，从一个胜利走向另一个胜利，而是在崎岖的道路上，有时前进，有时迂回，有时甚至会出现曲折和反复。

邓小平说过："我坚信，世界上赞成马克思主义的人会多起来的，因为马克思主义是科学。它运用历史唯物主义揭示了人类社会发展规律。封建社会代替奴隶社会，资本主义代替封建主义，社会主义经历一个长过程发展后必然代替资本主义。这是社会历史发展不可逆转的总趋势，但道路是曲折的。"①

（3）艰苦奋斗是实现理想的重要条件

在实现理想的过程中可能会一帆风顺，也可能会遇到逆境。

理想必须通过实践才能转变为现实；艰苦奋斗是我们的传家宝；大学生要把敢于吃苦、勇于奋斗的精神落实到日常的学习、生活和工作中。

请看案例：@青年人 习近平送你一份《逆境修炼指南》。

在实现人生价值的时候，别人做事从"零"开始，青年习近平却要从"负数"开始。要过"五关"：跳蚤关、饮食关、生活关、劳动关、思想关。他创下了"三最"：年龄最小、去的地方最苦、插队时间最长的知青。

请看视频：《那年，我们二十一》。

思考面对生活的艰苦、劳作的辛苦、环境的困苦，习近平是如何做的？

---

① 邓小平. 邓小平文选：第3卷[M]. 北京：人民出版社，1993：383.

（教师课前在线上发布了对此问题进行讨论的公告，课中同学们带着问题和思考走进课堂，现场抽取3名学生分享自己的看法）

习近平总书记说过："人类的美好理想，都不可能唾手可得，都离不开筚路蓝缕、手胼足胝的艰苦奋斗。"① 艰苦奋斗是我们的传家宝。我们的国家，我们的民族，从积贫积弱一步一步走到今天的发展繁荣，靠的就是一代又一代人的顽强拼搏，靠的就是中华民族自强不息的奋斗精神。

当代中国面临着重要发展机遇，也面临着前所未有的困难和挑战。梦在前方，路在脚下；自胜者强，自强者胜。

2. 个人理想与社会理想的统一

个人理想是指处于一定历史条件和社会关系中的个体对于自己未来的物质、精神生活所产生的种种向往和追求。

社会理想是指社会集体乃至社会全体成员的共同理想，指在全社会占主导地位的共同奋斗目标。

（1）个人理想以社会理想为指引

社会理想是最根本、最重要的，个人理想的实现，必须以社会理想的实现为前提和基础。

（2）社会理想是对个人理想的凝练和升华

社会理想是建立在众人的个人理想基础之上的，归根到底要靠全体社会成员的共同努力来实现。

"两个百年梦"分别是指什么？到2020年，全面建成小康社会，从2020到21世纪中叶，把我国建设成为富强民主文明和谐美丽的社会主义现代化强国。

共产主义远大理想、中国特色社会主义共同理想、个人理想三者之间有着怎样的关系？习近平给北京大学考古文博学院2009级本科团支部全体同学回信引用了《唐宋八大家文集欧阳修》卷十八的经典名句："得其大者可以兼其小。"只有把人生理想融入国家和民族的事业中，才能最终成就一番事业。

---

① 习近平. 在同各界优秀青年代表座谈时的讲话[N]. 人民日报，2013 – 05 – 05.

三、在实现中国梦的实践中放飞青春梦想

（播放视频《中国的红色梦想》）

2012年11月习近平总书记提出实现中华民族伟大复兴中国梦，引起了全国各族人民的共鸣。党的十九大报告指出，新时代中国共产党的历史使命就是谋求人民的幸福和谋求中华民族伟大复兴，统揽"四个伟大"，即"伟大梦想""伟大事业""伟大斗争"和"伟大工程"。

"伟大梦想"是"伟大事业""伟大斗争"和"伟大工程"的出发点和落脚点。伟大梦想，即中国梦，本质上指国家富强、民族振兴、人民幸福。1933年，近代中国一份有影响的综合性刊物《东方杂志》发起了全国性"征梦"活动，征求两个问题的答案。

今天，也不妨说说你的答案，这个答案有多雄奇，中国就有多美丽。

（1）用几个词语来形容你梦想中的未来中国是怎样的？

（2）个人生活中有什么梦想？

"中国梦"是中华各族儿女共同的愿景。大到民族，小到我们每一个人都有梦想。亿万个你我的小梦想，汇聚成国家的大梦想，民族的大梦想。

为了实现"中国梦"，我们应该怎样做？

（一）立志当高远

曹操说过："老骥伏枥，志在千里。"

苏轼说过："古之立大事者，不唯有超世之才，亦必有坚忍不拔之志。"

诸葛亮说过："夫志当存高远，慕先贤，绝情欲，弃凝滞，使庶几之志，揭然有所存，恻然有所感。"

墨子说："志不强者智不达。"这里所说的"志"，一是对未来目标的向往，二是实现奋斗目标的顽强意志。志向就是理想信念，立志就是确立理想信念。志向高远，就是要放开眼界，不满足于现状，也不屈服于一时一地的困难与挫折，更不要斤斤计较个人私利的多少与得失。正像周恩来所说的那

样:"为中华之崛起而读书!"

(二) 立志做大事

孙中山说:"要立志做大事,不要立志做大官。"希望青年以国家民族的命运为己任,而不要以个人的荣华富贵为人生的理想。在今天,做大事就是献身于新时代中国特色社会主义伟大事业。我们是幸运的一代,将见证"两个一百年"的奋斗目标成为现实。

(三) 立志须躬行

"空谈误国、实干兴邦",实现中华民族伟大复兴中国梦,是一项光荣而艰巨的事业,需要我们中华儿女共同努力,用实干托起中国梦。

习近平总书记强调:"面向未来,全面建成小康社会要靠实干,基本实现现代化要靠实干,实现中华民族伟大复兴要靠实干。"[①]

"宝剑锋从磨砺出,梅花香自苦寒来。"道路不可能一帆风顺,蓝图不可能一蹴而就,梦想不可能一夜成真。

漫长的征途需要一步步地走,崇高理想的实现需要一点一滴的奋斗。理想要化为现实,最根本的环节就是我们的实践,正是通过我们的实践、努力,理想才从可能变为现实。

行百里者半九十,理想要化为现实,必须坚持不懈地付出和不断地实践,理想才能从可能变为现实。

"功崇惟志,业广惟勤。"实现中国梦,最终要靠全体人民辛勤劳动。劳动最光荣,劳动最崇高,劳动最伟大,劳动最美丽;人世间一切美好梦想,只有通过诚实劳动才能实现。

《老子·六十四章》曰:"合抱之木,生于毫末;九层之台,起于累土;千里之行,始于足下。"

当下大学生要学会储备走向社会所需要的一切正能量,既要扎扎实实地学好专业知识和人文知识,更要学会做人,培养自己的良好习惯和科学的思

[①] 中共中央文献研究室. 习近平关于全面建成小康社会论述摘编[M]. 北京:中央文献出版社,2016.

维方法，在校期间努力实现自己的成才梦，走出社会才能成就自己的精彩人生。《人民日报》2005年4月5日第九版报道：邓亚萍认为成功的经验是"我不比别人聪明，但我能管住自己。我一旦设定了目标，绝不轻易放弃。也许这就是我成功的一个经验吧"。

如何实现个人理想？在关系中认识自我，在学习中丰富自我，在实践中创造自我，在内化中改造自我，在发展中超越自我。

请观看视频《袁隆平的理想：让所有的人远离饥饿》。

所谓使命，古指使者奉命出行，后引申为肩负重大的任务和责任。其中，人们担负的重大的历史任务和重大的历史责任就是人的历史使命。马克思说过："作为确定的人，现实的人，你就有规定，就有使命，就有任务，至于你是否意识到这一点，那都是无所谓的。这个任务是由于你的需要及其与现存世界的联系而产生的。"①

中国梦是中华民族的振兴之梦，是每一个中国人的共同梦想。今天，我们比历史上任何时期都更接近、更有信心和能力实现中华民族伟大复兴的目标。

（课中教师线上发布下面这个问题，同学们利用智慧工具线上进行回帖讨论，请2个同学分享自己的答案）

在实现中华民族伟大复兴的中国梦历史使命中，大学生应担负起怎样的时代责任和历史使命？

（教师点评）经过大家的讨论大多数人认为，当代大学生所承担的历史使命是建设中国特色社会主义，实现中华民族伟大复兴。大学生既要志存高远，又要脚踏实地、埋头苦干，用自己的智慧和汗水，用科学的实践去实现自己的梦想。

当代青年是同新时代共同前进的一代。习近平总书记从2013年到2018年共计六次与青年共度"五四"，特别关心青年，对青年寄予了厚望，曾经

---

① 马克思，恩格斯. 马克思恩格斯文集：第3卷［M］. 北京：人民出版社，1960：75.

深情地说过:"青年一代有理想、有本领、有担当,国家就有前途,民族就有希望。"

最难忘记的是习近平总书记的第六次与青年共度"五四",即北大之行。2018年5月2日,习近平在北京大学师生座谈会上的讲话中又提出了四点希望,即"爱国、励志、求真、力行"。它既是对青年一代的鼓舞与勉励,又对所有的新时代建设者发奋图强、砥砺前行提出了具体要求。

(播放视频:《习近平总书记第六次北大之行》)

实现中华民族伟大复兴的中国梦,广大青年生逢其时,也重任在肩。广大青年既是追梦者,也是圆梦人。追梦需要激情和理想,圆梦需要奋斗和奉献。广大青年应该在奋斗中释放青春激情、追逐青春理想,以青春之我、奋斗之我,为民族复兴铺路架桥,为祖国建设添砖加瓦。

一个人要实现自己的理想,成就一番事业,历经磨难吃一点苦是必要的。就是有真才实学,如果不肯吃苦耐劳,也难以保持良好的竞技状态,不仅适应不了激烈的竞争形势,还极容易被困难吓倒,被挫折击垮,更谈不上理想的实现。习近平总书记说过:"中华民族伟大复兴,绝不是轻轻松松、敲锣打鼓就能实现的。幸福都是奋斗出来的。全党必须撸起袖子加油干,再接再厉、持续努力,不断将伟大事业推向前进。"

(教师督促同学们现场完成对第二章的单元测试和作业)

【思考与讨论】

1. 为什么说理想信念是精神之"钙"?
2. 你怎样理解理想的内涵与特征?
3. 你怎样理解理想与现实的关系?
4. 大学生如何树立科学的理想信念?
5. 如何正确认识立志高远与始于足下的关系?
6. 如何认识中国特色社会主义共同理想与共产主义远大理想的关系?
7. 结合自己的实际情况,谈谈对实现理想的长期性、艰巨性和曲折性的认识。
8. 大学生怎样在实现中国梦的生动实践中放飞青春梦想?

【阅读文献】

1. 马克思，恩格斯．马克思恩格斯文集：第1卷［M］．北京：人民出版社，2009．

2. 恩格斯．社会主义从空想到科学发展［M］//马克思，恩格斯．马克思恩格斯选集：第3卷．北京：人民出版社，1995．

3. 毛泽东．青年运动的方向［M］//毛泽东选集：第2卷．北京：人民出版社，1991．

4. 邓小平．一靠理想二靠纪律才能团结起来［M］//邓小平文选：第3卷．北京：人民出版社，1993．

5. 习近平．在纪念红军长征胜利80周年大会上的讲话［M］．北京：人民出版社，2016．

6. 习近平．在纪念红军长征胜利80周年大会上的讲话［M］．北京：人民出版社，2016．

7. 习近平．习近平谈治国理政：第1卷［M］．北京：外文出版社，2018．

专题八：复兴之魂
——为何实现中国梦必须弘扬中国精神

【教学目的】 通过本专题学习，使大学生正确理解中国精神的内涵，即以爱国主义为核心的民族精神和以改革创新为核心的时代精神；深刻认识到中国精神的现实意义，即实现中国梦必须弘扬中国精神，中国精神是兴国强国之魂。

【教学重点】 引导学生正确理解中国精神的内涵，即以爱国主义为核心的民族精神和以改革创新为核心的时代精神。

【教学难点】 正确理解中国精神的现实意义，中国精神是兴国强国之魂。

【教学方法】 采用线上线下混合式教学，以典型案例增强说服力，以运用多元素教学增强感染力，以学生讨论活跃气氛。

【教学元素】 红色资源、音乐、视屏、案例、电影短片、新闻报道。

【课堂讲授】

中华民族能够生生不息，薪火相传，一个很重要的原因就是拥有博大精深的中国精神。中国精神是兴国强国之魂，是实现中国梦的精神支撑和精神动力。

请同学们讨论，当代中国如何实现中华民族伟大复兴的中国梦？

（教师在线上发布此问题，同学们通过智慧工具进行交流和讨论，现场抽取3名学生分享自己的看法）

（教师点评）正如刚才同学们所讨论的，实现中国梦必须坚持中国道路、弘扬中国精神、凝聚中国力量。今天与大家分享的就是支撑伟大梦想的中国精神的内涵和现实意义。

习近平总书记指出:"实现中国梦必须弘扬中国精神。"

什么是中国精神？中华民族在五千多年的历史进程中，不仅创造出光辉灿烂、享誉世界的中华文明，也塑造出独特的精神气质和精神品格。弘扬中国精神，就是要弘扬以爱国主义为核心的民族精神和以改革创新为核心的时代精神。

习近平说过:"人无精神则不立，国无精神则不强。精神是一个民族赖以长久生存的灵魂，唯有精神上达到一定的高度，这个民族才能在历史的洪流中屹立不倒、奋勇向前。"①

一、中国精神的历史底蕴

近代以来中华儿女在伟大复兴的道路上迎来了从站起来、富起来到强起来历史性的飞跃，这背后深层次的推动力就是中华民族优秀传统精神；而中华民族优秀传统精神血脉能够延续至今得益于中华民族重精神的优良传统，是中华民族重要的精神标识。

（一）中华民族重精神表现在对物质生活与精神生活关系的独到理解上

中国传统文化认为人与动物不同，主要体现在人有道德、有精神追求。《论语·述而》指出:"不义而富且贵，于我如浮云。"《论语·雍也》指出:"一箪食，一瓢饮，在陋巷。人不堪其忧，回也不改其乐。"

在物质生活和精神生活的目标追求上，中国古人重视并崇尚精神生活，主张见利思义、以义制利、先义后利，强调用道德理性和精神品格对欲望进行引导和控制，对贪欲、私欲保持警惕。

（二）中华民族重精神表现在中国古人对理想的不懈追求上

《张子语录》指出:"为天地立心，为生民立命，为往圣继绝学，为万世

---

① 习近平. 在纪念马克思诞辰200周年大会上的讲话 [N]. 人民日报, 2018 – 05 – 05.

开太平。"矢志不渝坚守理想就是中国古代崇尚精神的典型体现。儒家倡导仁爱和谐社会，即"志士仁人，无求生以害仁，有杀身以成仁"。墨家倡导"兼相爱，交相利"，为天下兴利，为百姓除害。

（三）中华民族重精神表现在对道德修养和道德教化的重视上

中国传统文化十分强调道德修养和道德教化，重视人的道德品质的养成，并提出行之有效的具体方法。

春秋时期叔孙豹在《左传·襄公二十四年》中指出："大上有立德，其次有立功，其次有立言，虽久不废，此之谓不朽。"立德，立功，立言，此谓"三不朽"。"立德"原指树立圣人之德行。"立功"旧指为民除难，救济众生。"立言"，著书立说。"三不朽"，就是指一个人的言行功德无量。

《大学》名言："自天子以至于庶人，壹是皆以修身为本。"

《中庸》记载："君子戒慎乎其所不睹，恐惧乎其所不闻。莫见乎隐，莫显乎微，故君子慎其独也。"

《论语·颜渊》曰："内省不疚，夫何忧何惧？"

所有这些，无不表明中华民族对道德精神和修身养性的高度关注。

（四）中华民族重精神表现在对理想人格的推崇上

《论语·里仁》指出："见贤思齐焉，见不贤而内自省也。"

《孔子家语·五仪解》说道："人有五仪：有庸人，有士人，有君子，有贤人，有圣人。""所谓圣者，德合于天地，变通无方，穷万事之终始，协庶品之自然，敷其大道而遂成情性。明并日月，化行若神。下民不知其德，睹者不识其邻。此谓圣人也。"

孟子曰："可欲之谓善，有诸己之谓信。充实之谓美，充实而有光辉之谓大，大而化之之谓圣，圣而不可知之之谓神。"（《孟子·尽心下》）

这些思想都表明了古人对高尚人生境界的追求，而且把理想人格定格为"君子""圣人""真人"和"至圣"。

中国共产党在革命、建设和改革各个历史时期，都强调要处理好物质和精神的关系，重视发挥人的精神的能动作用，将中华民族重精神的优秀传统进一步发扬光大。

专题八：复兴之魂

革命战争年代，革命先烈无不彰显了这种为天下苍生敢于牺牲奉献、追求崇高的革命理想精神，形成了井冈山精神、长征精神、延安精神、西柏坡赶考精神、抗美援朝精神，涌现出了夏明翰、陈树湘、杨开慧、白求恩、刘胡兰、董存瑞等一大批革命英雄人物。

毛泽东同志在《纪念白求恩》一文中说过："我们大家要学习他毫无自私自利之心的精神。从这点出发，就可以变为大有利于人民的人。一个人能力有大小，但只要有这点精神，就是一个高尚的人，一个纯粹的人，一个有道德的人，一个脱离了低级趣味的人，一个有益于人民的人。"①

社会主义革命和建设时期，刚刚获得解放的各族人民对新生的中华人民共和国充满了期待和以高昂的斗志投入到新中国的建设和社会主义初期探索，彰显了这种自力更生、艰苦奋斗、一不怕死二不怕苦的无私奉献精神，形成了大庆精神、两弹一星精神、雷锋精神，涌现出了铁人王进喜、时传祥、钱三强、钱学森、雷锋等劳动模范人物。

王进喜，20世纪60年代参加大庆石油会战，凭着"宁可少活二十年，拼命也要拿下大油田"的拼命精神，带着腿伤、拄着拐杖，用身体做水泥搅拌机，打出大庆一口又一口油井，被人们誉为"铁人"。铁人精神就是中华民族重精神的优良传统验证。

改革开放新时期，中国共产党高度重视精神文明建设，通过加强公民道德建设，开展爱国主义教育、理想信念教育，培育和弘扬民族精神，倡导和践行社会主义核心价值观等，大力提高全体人民的思想追求和精神境界。

习近平总书记在中央党校建校80周年庆祝大会暨2013年春季学期开学典礼上的讲话中说："中国传统文化博大精深，学习和掌握其中的各种思想精华，对树立正确的世界观、人生观、价值观很有益处。"②

民族复兴不仅表现为经济腾飞，更要有中国精神的振奋和彰显；只有物质文明建设和精神文明建设都搞好，国家物质力量和精神力量都增强，全国

---

① 毛泽东选集：第2卷[M].北京：人民出版社，1991：660.
② 习近平.在中央党校建校80周年庆祝大会暨2013年春季学期开学典礼上的讲话[N].人民日报，2013-03-04.

各族人民物质生活和精神生活都改善，中国特色社会主义事业才能顺利向前推进。

南仁东用一生的心血，从壮年到暮年，二十载如一日，把中国射电望远镜口径，从30米扩大到500米铸就了大国重器——"天眼"，"天眼"与蛟龙、墨子、悟空等科技成果一起，被列为创新驱动发展战略的丰硕成果。2017年9月15日，72岁的南仁东积劳成疾而死，被誉为"天眼"之父。正是这样一批人，让我们迎来了我们国家从站起来、富起来到强起来的新时代，开启了新征程。

二、中国精神的内容构成

党的十九大报告指出："必须坚持马克思主义，牢固树立共产主义远大理想和中国特色社会主义共同理想，培育和践行社会主义核心价值观，不断增强意识形态领域主导权和话语权，推动中华优秀传统文化创造性转化、创新性发展，继承革命文化，发展社会主义先进文化，不忘本来、吸收外来、面向未来，更好构筑中国精神、中国价值、中国力量，为人民提供精神指引。"

下面请看视频：《中国精神》。

请思考问题：什么是中国精神？

（教师课前在线上发布问题：同学们通过学习通进行交流和讨论，现场抽取3名学生分享自己的看法）

中国精神是以爱国主义为核心的民族精神和以改革创新为核心的时代精神的统一。

（一）以爱国主义为核心的民族精神

中国人民在长期奋斗中培育、继承、发展起来的伟大民族精神，为中国发展和人类文明进步提供了强大的精神动力。

（观看视频《弘扬伟大民族精神凝聚强大精神动力》）

请大家思考一个问题：什么是民族精神？

民族精神是一个民族在长期共同生活和社会实践中形成的，为本民族大多数成员所认同的价值取向、思维方式、道德规范、精神气质的总和，是一个民族赖以生存和发展的精神支柱。民族精神的核心是爱国主义，即对祖国的忠诚和热爱。"美不美，家乡水；亲不亲，故乡人"（情系故土），"遥望中原怀故土，静观落叶总归根"（心怀祖国），"乐以天下，忧以天下""公而忘私、国而忘家"（报国忧民），"一身报国有万死""苟利社稷，死生以之"（民族英雄）。

1. 伟大创造精神

五千多年，中国人民始终辛勤劳作、发明创造，产生了诸子百家思想，创造了"四大发明"，创造了诗经、楚辞、汉赋、唐诗、宋词、元曲、明清小说等伟大文艺作品，传承了格萨尔王、玛纳斯、江格尔等伟大史诗；建设了万里长城、都江堰、大运河、故宫、布达拉宫等伟大工程。

2. 伟大奋斗精神

五千多年，中国人民始终革故鼎新、自强不息，开发和建设了祖国辽阔秀丽的大好河山，开拓了波涛万顷的辽阔海疆，开垦了物产丰富的广袤粮田，治理了桀骜不驯的千百条大江大河，战胜了数不清的自然灾害，建设了星罗棋布的城镇乡村，发展了门类齐全的产业，形成了多姿多彩的生活。

习近平总书记说："我们的国家，我们的民族，从积贫积弱一步一步走到今天的发展繁荣，靠的就是一又一代人的顽强拼搏，靠的就是中华民族自强不息的奋斗精神。"①

3. 伟大团结精神

五千多年，中国人民始终团结一心、同舟共济。建立了统一的多民族国家，发展了56个民族多元一体的融洽民族关系，形成了守望相助的中华民族大家庭。

4. 伟大梦想精神

五千多年，中国人民始终心怀梦想、不懈追求。盘古开天、女娲补天、

---

① 习近平. 习近平谈治国理政：第1卷[M]. 北京：外文出版社，2014：52.

伏羲画卦、神农尝草、夸父追日、精卫填海、愚公移山等古代神话深刻反映了中国人民勇于追求和实现梦想的执着精神。近代以来，实现中华民族伟大复兴成了中华民族最伟大的梦想。

请观看视频《时代精神》《改革创新精神》。

（二）以改革创新为核心的时代精神

习近平总书记说："如果我们不识变、不应变、不求变，就可能陷入战略被动，错失发展机遇，甚至错过整整一个时代。"①

什么是时代精神？时代精神是一个国家和民族在新的历史条件下形成和发展的，是体现民族特质并顺应时代潮流的思想观念、价值取向、精神风貌和社会风尚的总和，是一种对社会发展具有积极影响和推动作用的集体意识。时代精神反映社会进步的发展方向，引领时代的进步潮流，是社会的主旋律和时代的最强音。孙中山说："天下大势，浩浩汤汤，顺之者昌，逆之者亡。"②《公民道德建设实施纲要》明确规定，"要继承中华民族几千年形成的传统美德，发扬我们党领导人民在长期革命斗争与建设实践中形成的优良传统道德，积极借鉴世界各国道德建设的成功经验和先进文明成果。在全社会大力宣传和弘扬解放思想、实事求是，与时俱进、勇于创新，知难而进、一往无前，艰苦奋斗、务求实效，淡泊名利、无私奉献的时代精神"③，使公民道德建设既体现优良传统又反映时代特点，始终充满生机与活力。

改革开放以来，党带领人民在继承和弘扬伟大民族精神的基础上，立足新的时代条件，赋予中华民族精神以新的时代内涵，形成了以改革创新为核心的时代精神，涌现出了一批敢于改革创新的时代楷模："雕刻火药的大国工匠"徐立平，在悬崖绝壁上书写精彩传奇的"当代愚公"黄大发，用生命叩响"地球之门"、让中国进入"深地时代"的战略科学家黄大年，勇担民族复兴大任的"天眼巨匠"南仁东，对党忠诚、心系群众、忘我工作、无私

---

① 习近平. 为建设世界科技强国而奋斗——在全国科技创新大会、两院院士大会、中国科协第九次全国代表大会上的讲话 [N]. 光明日报, 2016-05-31.
② 何虎生. 孙中山传 [M]. 2版. 北京：中国工人出版社, 2016.
③ 本书编写组. 公民道德建设实施纲要 [M]. 北京：红旗出版社, 2001.

奉献的优秀县委书记廖俊波，爱生如子、甘做学生成长引路人的高校思想政治理论课教师曲建武。既有时代"最美中国人"郭明义、沈浩、杨善洲、张丽莉、吴斌、高铁成，又有英雄群体"女排精神""载人航天精神""奥运精神""伟大抗震救灾精神"。

2019年既评出了278名"新中国最美奋斗者"个人如袁隆平、屠呦呦、郑培民、孔繁森、毛岸英、王选、王顺友、任长霞、白方礼、李保国、李素丽等，又评出了22个"新中国最美奋斗者"集体，如863计划倡导者、八步沙林场"六老汉"三代人治沙造林先进集体、中国人民解放军航天员群体、载人深潜英雄集体、"两弹一星"先进集体、红旗渠建设者……

改革创新精神是时代精神的核心，贯穿于改革开放的全部实践，体现在时代精神的各个方面：一是改革破除社会发展障碍、激发社会发展活力的引擎；二是创新民族进步的灵魂、国家兴旺发达的动力；三是改革创新精神对中华民族革故鼎新优良传统的继承弘扬；四是当代中国改革开放伟大实践中体现出来的精神品格和精神特征。

（三）民族精神与时代精神的辩证统一

时代精神与民族精神紧密相连，一切民族精神都曾经是一定历史阶段中的时代精神。一切时代精神都将随着历史的变迁逐步融入民族精神的长河之中，不断丰富和发展民族精神的时代内涵；弘扬和培育民族精神必须推动民族精神的创新性发展和创造性转化。民族精神赋予中国精神以民族特征，是中华民族的精神独立性得以保持的重要保证；时代精神赋予中国精神以时代内涵，是中国精神引领时代前行、拥有鲜明时代性和强大生命力的重要根源。民族精神和时代精神共同构筑了新时代的中国精神。

三、中国精神的时代价值

"犯我中华者，虽远必诛！"一句铁骨铮铮中华好男儿的口号，在《战狼2》银屏上响彻云霄，掷地有声。故事讲述的，是一位名叫冷锋的特种兵，被开除军籍后，遭遇了人生的滑铁卢。一场突如其来的意外，使他被迫卷入了一场非洲国家的叛乱，原本可以安全撤离的他，却因为无法忘记曾为军人的使命，义无反顾地冲回了沦陷区，带领身陷囹圄的同胞和难民们，一起展开了生死逃亡。

他们拼死开展的撤侨行为激起了海外华侨同胞们强烈的爱国情绪。在结尾中，大屏幕上出现了一张中国护照，一句"当你在海外遭遇危险，不要放弃！请记住，在你身后，有一个强大的祖国！"更是戳中了无数华侨和海外同胞们的泪点。

（点评）一部票房收入突破50亿元的《战狼2》，为什么能够给观众以如此强烈的震撼呢？那就是令观众内心深处引起了强烈共鸣的中国精神和日益强大的祖国。新时代大学生要发扬中国精神，为实现中国梦而努力奋斗。

20世纪70年代末80年代初，美国乔治敦大学的战略与国际研究中心主任克莱因曾提出了著名的国力方程，即综合国力是物质力量和精神力量的乘积：综合国力＝［本实体（人口＋领土）＋经济实力＋军事实力］×［战略意图＋国家意志］。中华民族伟大复兴不仅仅是物质硬实力的伟大复兴，更为重要的是精神文化软实力的伟大复兴。

习近平总书记指出："我们党深刻地认识到，实现中华民族伟大复兴，必须合乎时代潮流，顺应人民意愿，勇于改革开放，让党和人民事业始终充满奋勇前进的强大动力。"[1]

实现中华民族伟大复兴就是新时代中华儿女共同追求的最大公约数，同时也是指引最广大中国人民进行伟大复兴的精神力量。

中国精神是兴国强国之魂。实现中国梦，必须弘扬中国精神，以高扬的精神旗帜为指引，以强大的精神支柱为支撑，团结凝聚全体人民的智慧和力量，为实现中国梦而努力奋斗。

（播放视频《习近平强调文化自信民族精神引领人民继续前进》）

---

[1] 本书编写组.党的十九大报告辅导读本［M］.北京：人民出版社，2017：14.

(一) 凝聚中国力量的精神纽带

推进民族复兴的时代伟业,我们必须有万众一心、众志成城的强大精神凝聚力。"大鹏之动,非一羽之轻也;骐骥之速,非一足之力也。"(王符:《潜夫论·释难》)

习近平总书记指出:"中国要飞得高、跑得快,就得依靠13亿人民的力量。"①

人民群众是历史发展和社会进步的主体力量。坚持和发展中国特色社会主义、实现中华民族的伟大复兴,最根本的力量在人民,最强大的力量在团结凝聚起来的人民。而凝聚人心的精神纽带就是中国精神。

(二) 激发创新创造的精神动力

实现中国梦,应对挑战,创造未来,动力从哪里来?只能从发展中来,从改革中来,从创新中来。而以爱国主义为核心的民族精神和以改革创新为核心的时代精神,就是中国人民不断创新和创造的精神动力。

港珠澳大桥的成功进一步彰显了中国精神的特质和力量。正如习近平总书记所说:"港珠澳大桥的建设创下多项世界之最,非常了不起,体现了一个国家逢山开路、遇水架桥的奋斗精神,体现了我国综合国力、自主创新能力,体现了勇创世界一流的民族志气。这是一座圆梦桥、同心桥、自信桥、复兴桥。"②

实践证明,实现中国梦,必须弘扬以改革创新为核心的时代精神。

科技创新驱动着历史的车轮飞速旋转,为人类文明进步提供了不竭动力的源泉,推动人类从蒙昧走向文明,从游牧文明走向农业文明、工业文明,走向信息文明、绿色文明。"两弹一星"、载人航天、探月工程等一批重大工程科技成就,大幅度提升了中国的综合国力和国际地位。

三峡工程、西气东输、西电东送、南水北调、青藏铁路、高速铁路等一大批重大工程建设成功,农业科技、人口健康、资源环境、公共安全、防灾

---

① 习近平. 切实把思想统一到党的十八届三中全会精神上来 [N]. 人民日报, 2013-12-31.
② 习近平. 港珠澳大桥开通仪式现场的讲话 [N]. 光明日报, 2018-10-23.

减灾等领域工程科技发展，使中国的面貌、中国人民的面貌发生了历史性的变化。

推进新时代的伟大事业，必须要有创新创造、向上向前的强大精神奋发力，勇于变革、勇于创新，为实现中国梦注入强大的精神力量。

（三）推进复兴伟业的精神定力

只有自觉弘扬中国精神，增强民族自尊心和自信心，坚定不移走自己的路，才能使全体人民在实现复兴伟业的征途中拥有坚如磐石的精神和信仰力量，不为困难吓倒，不为诱惑所动，不为干扰迷惑，坚定不移把我们的事业不断地推向前进，直至光辉的彼岸。

中国道路、中国智慧、中国方案既是改革创新的结果，又是改革创新精神的彰显和印证。

邓小平说："走不出一条新路，就干不出新的事业。"①

习近平总书记强调："当代中国的伟大社会变革，不是简单延续我国历史文化的母版，不是简单套用马克思主义经典作家设想的模板，不是其他国家社会主义实践的再版，也不是国外现代化发展的翻版，不可能找到现成的教科书。"②

鲁迅曾经说过："唯有民魂是值得宝贵的，唯有他发扬起来，中国才有真进步。"③

大学生是民族的希望和祖国的未来，要努力弘扬以爱国主义为核心的民族精神和以改革创新为核心的时代精神，将中国精神转化为青春行动，勇做弘扬和践行中国精神的时代先锋，为国家富强、民族振兴、人民幸福贡献自己的智慧和力量。

【思考与讨论】

1. 怎样理解中国精神的主要内容？
2. 为什么说实现中国梦必须弘扬中国精神？

---

① 邓小平. 邓小平文选：第3卷［M］. 北京：人民出版社，1993：370.
② 习近平. 在纪念马克思诞辰200周年大会上的讲话［N］. 人民日报，2018-05-05.
③ 鲁迅. 华盖集续集·学界的三魂［M］. 北京：人民文学出版社，1973.

3. 如何实现民族精神与时代精神的内在统一？

【阅读文献】

1. 毛泽东. 毛泽东选集：第2卷［M］. 北京：人民出版社，1991.

2. 习近平. 习近平谈治国理政：第2卷［M］. 北京：外文出版社，2018.

3. 习近平. 习近平谈治国理政：第1卷［M］. 北京：外文出版社，2018.

4. 鲁迅. 鲁迅全集：第3卷［M］. 北京：人民文学出版社，2005.

专题九：家国情怀
——如何做新时代的忠诚爱国者

【教学目的】通过本专题学习，引导大学生正确理解爱国主义的内涵，了解中华民族爱国主义的优良传统，明确新时代爱国主义的内涵及其任务，自觉做坚定的爱国主义者。

【教学重点】爱国主义的内涵和内容、中华民族爱国主义的优良传统、新时代爱国主义的内涵。

【教学难点】正确理解和弘扬新时代的爱国主义。

【教学方法】采用线上线下混合式教学，以歌曲快闪切入主题，吸引学生，以典型案例说服学生，增强亲和力，以教师讲授和学生讨论相结合，实现理论性和实践性、价值性和知识性内在统一。

【教学元素】歌曲、经典名言、视屏、图片、数据和案例。

【课堂讲授】

爱国主义始终是激昂的主旋律，始终是激励我国各族人民自强不息的强大力量。实现中国梦是当代中国爱国主义的鲜明主题，青年大学生既要继承中华民族爱国主义优良传统，又要与时俱进，坚持爱国主义与热爱社会主义相统一，与维护祖国统一和民族团结相统一，与尊重和传承中华民族历史和文化相统一，坚持立足民族又面向世界，自觉地做新时代的忠诚爱国主义者。

一、爱国主义的基本内涵

请听首都机场歌曲快闪《我和我的祖国》。

(教师点评)《我和我的祖国》是 2019 年春节唱响中国大江南北的一首歌。每一个中华儿女听到这首歌都热血沸腾,我们中华儿女永不丢掉的民族精神的核心就是爱国主义,热爱祖国,献身祖国,与祖国同呼吸、共命运,新时代实现中国梦是 14 亿中华儿女共同的心愿和理想。

习近平总书记说:"爱国,是人世间最深层、最持久的情感,是一个人立德之源、立功之本。孙中山先生说,做人最大的事情,'就是要知道怎么样爱国'。"①

同学们,我们究竟怎样理解爱国主义的科学内涵?

(教师课前在线上发布问题,同学们线上进行交流和讨论,现场抽取 3 名学生分享自己的看法)

爱国主义,是人民群众对自己祖国的深厚感情,反映了个人对祖国的依存关系,是人们对自己故土家园、种族文化的归属感、认同感、尊严感与荣誉感的统一。

(一)爱祖国的大好河山

故乡的一山一水、一草一木,无论我们长大走到哪里,都会对故土家园产生刻骨铭心的热爱和依恋。

古人云:"禾苗离土即死,国家无土难存。"祖国的大好河山,不只是自然风光,而且是主权、财富、民族发展和进步的基本载体。祖国养育了我们,孕育了独一无二的中华文明。

请浏览祖国大好河山的图片,中国五岳(中岳嵩山、南岳衡山、西岳华山、北岳恒山、东岳泰山)、长江三峡、中国最高峰珠穆朗玛峰、东海钓鱼

---

① 习近平. 在北京大学师生座谈会上的讲话 [N]. 人民日报, 2018 – 05 – 03.

岛、南海西沙群岛、北京故宫、长城、黄河壶口瀑布、台湾宝岛风光。

（二）爱自己的骨肉同胞

祖国之所以可爱，不仅仅因为她960万平方千米的土地上，幅员辽阔，物产丰富，山河壮丽，更重要的是因为世世代代生存在这片国土上的勤劳、勇敢、善良的14亿骨肉同胞。对骨肉同胞的爱，反映的是对整个民族利益共同体的自觉认同。爱自己的同胞，就是爱人民群众。人民群众是历史的创造者，不仅创造了巨大的物质财富，而且还创造了灿烂的精神文化。

鲁迅曾经说过："我们从古以来，就有埋头苦干的人，有拼命硬干的人，有为民请命的人，有舍身求法的人……虽是等于为帝王将相作家谱的所谓'正史'，也往往掩不住他们的光耀，这就是中国的脊梁。"

习近平总书记指出："人民是创造历史的动力，我们共产党人任何时候都不要忘记这个历史唯物主义最基本的道理。"[①]

爱人民群众，最主要的是培养对人民群众的深厚感情，紧紧地和人民群众站在一起，一切以人民群众的利益为出发点。

请观看视频：《周恩来》。

（三）爱祖国的灿烂文化

文化是一个国家、一个民族的灵魂。文化传统是一个国家和民族的"胎记"，是一个民族得以延续的"精神基因"，是培养民族心理、民族个性、民族精神的"摇篮"。中华民族灿烂文化绵延五千载。爱祖国的灿烂文化，就是要认真学习和真正了解祖国的历史，在充分理解和尊重的基础上，积极推动中华民族优良传统文化创造性的转化和创新性的发展。

中国科学院院士杨叔子说："没有先进科学、没有先进技术，一个国家、一个民族，就是落后，就是衰落，一打就垮，永远受制于人，痛苦地受人宰割；然而，没有优秀民族传统，没有民族精神，一个国家、一个民族，就会空虚，就会异化，就不打自垮、自甘受制于人，自愿受人宰割。"

清代大学者龚自珍在《定盦续集》中说："欲知大道，必先为史。灭人之

---

① 习近平. 深刻理解以人民为中心的思想精髓［N］. 光明日报，2017-11-30.

国，必先去其史。欲灭其族，必先灭其文化。"

（四）爱自己的国家

祖国是由国土、人民、制度、文化等要素构成的社会共同体。"家是最小国，国是千万家"。国家和个体之间的关系是相互依存、密不可分的。每个人的发展时刻同国家的发展进步紧密关联。失去国家的庇佑和保护，人们将失去成长和发展最基本的屏障和最坚实的依托。爱自己的国家是爱国主义的基本要求。

古代有屈原、苏武、文天祥、陆游、岳飞、顾炎武的爱国典故，今有中国女孩王渊。王渊1999年被评为美国总统学者奖候选人，但申领此奖项必须首先放弃中国国籍，成为美国公民。王渊拒绝领奖，她说："我王渊只有一个中国！"

数学家华罗庚说："活着不是为了别的，而是为了祖国。"

鄂栋臣含泪发誓："一定要让共和国的五星红旗在极地上空飘扬。"

请观看视频：《我的祖国》。

只有把个人的命运、个人的前途与祖国的命运、民族的前途融合在一起才能真正实现自己的价值，中国从站起来到富起来，现在正迎接从富起来到强起来的新时代，中华儿女没有谁不为日益强大的祖国而自豪的，中华民族的伟大复兴的中国梦一定会实现。

爱国主义在不同历史时期，具有不同的内涵和特点：在新民主主义革命时期，爱国主义主要表现为致力于推翻帝国主义、封建主义和官僚资本主义的反动统治，把黑暗的旧中国改造成光明的新中国；在现阶段，爱国主义主要表现为献身于建设新时代中国特色社会主义伟大事业，献身于实现中华民族伟大复兴中国梦的实践，献身于促进祖国统一大业。

爱国主义不仅仅是一种爱国情感，而且是一种价值认同、理性自觉，更是一种爱国行动，必须实现从爱国情感到爱国觉悟、爱国行为的升华；需要青年学子既要有刻骨铭心的爱国之情，又要有矢志不移的报国之志，更要有生死不移的爱国之行。

习近平总书记曾经告诫弗吉尼亚大学部分中国留学生说："你们就像早

晨八九点钟的太阳……希望今后不管是在美国还是回到中国发展，都不要忘了报效祖国。"

二、新时代的爱国主义

请同学们思考：什么是新时代的爱国主义？

（教师课前在线上发布问题，同学们通过学习通进行交流和讨论，现场抽取3名学生分享自己的看法）

新时代爱国主义，必须坚持爱国主义与热爱社会主义相统一，坚持爱国主义与维护祖国统一和民族团结相统一，坚持爱国主义与尊重和传承中华民族历史和文化相统一，坚持立足民族又面向世界。

怎样弘扬新时代的爱国主义？弘扬新时代爱国主义，必须团结全体社会主义劳动者、社会主义事业的建设者、拥护社会主义的爱国者、拥护祖国统一和致力于中华民族伟大复兴的爱国者，汇聚起实现中国梦的磅礴力量。

（一）坚持爱国主义和社会主义相统一

爱国主义与爱社会主义的统一是中国历史发展的必然结果。社会主义制度的建立，为中国的繁荣发展提供了可靠的保障。社会主义集中代表着、体现着、实现着国家、民族和人民的根本利益。只有社会主义才能救中国，只有中国特色社会主义才能发展中国。

中国共产党是高举爱国主义旗帜并躬身实践的光辉典范，是中国特色社会主义事业的坚强领导核心；爱国必须和热爱中国共产党相统一。"没有共产党，就没有新中国。"

爱国与爱党和爱社会主义相统一是当代中国爱国主义精神最重要的体现。

著名语言学家、教育家季羡林说过："我同当时留下没有出国或到台湾去的中老年知识分子一样，对共产党并不了解；对共产主义也不见得那么向往；但是对国民党我们是了解的。因此，解放军进城我们是欢迎的，我们内心是兴奋的,希望而且也觉得从此换了人间,觉得从此河清有日,幸福来到了人间。"

2015年3月29日,一艘中国海军护卫舰停靠也门港口亚丁,撤离中国公民。3月30日,中国海军护航编队护卫舰潍坊舰载着449名中国公民平安撤离也门西部荷台达港。至此,需要撤出的571名中国公民已全部安全撤离也门。美国在4月6日承认,无法帮助在也门的公民离境。由于也门机场关闭,美国希望在也门的公民从海上乘坐外国船只离境。

(二) 维护祖国统一和民族团结

国民党元老于右任,思乡心切写下了一首名诗:《望大陆》。(播放配乐朗诵)

  葬我于高山之上兮,望我大陆;大陆不可见兮,只有痛哭。葬我于高山之上兮,望我故乡;故乡不可见兮,永不能忘。天苍苍,野茫茫;山之上,国有殇。

习近平总书记在党的十九大报告中强调:"要高举爱国主义、社会主义旗帜,牢牢把握大团结大联合的主题,坚持一致性和多样性统一,找到最大公约数,画出最大的同心圆。"[1]

新时代弘扬爱国主义精神,必须把维护祖国统一和民族团结作为重要的着力点和落脚点。维护和推进祖国统一,是中华民族走向伟大复兴的题中之义。

(三) 尊重和传承中华民族历史和文化

对祖国悠久历史、深厚文化的理解和接受,是人们爱国主义情感培育和发展的重要条件。中华优秀传统文化是中华民族的精神命脉,其中蕴含着中华民族世世代代形成和积累的思想营养和实践的智慧,是中华民族得以延续

---

[1] 习近平. 决胜全面建成小康社会夺取新时代中国特色社会主义伟大胜利[M]. 北京, 人民出版社, 2017: 39.

的文化基因，也是我们在世界文化激荡中站稳脚跟的根基。

习近平总书记指出："历史是一面镜子，从历史中，我们能够更好地看清世界、参透生活、认识自己；历史也是一位智者，同历史对话，我们能够更好地认识过去、把握当下、面向未来。"

抛弃传统、丢掉根本，就等于割断了自己的精神命脉。历史和现实都表明，一个抛弃了或者背叛了自己历史文化的民族，不仅不可能发展起来，而且很可能上演一场历史的悲剧。"灭人之国，必先去其史。"

列宁说过："忘记过去就意味着背叛。"

（四）必须坚持立足民族又面向世界

中国的命运与世界的命运紧密相关。经过改革开放40年的发展，中国日益走近世界舞台的中央。当今社会越来越成为你中有我、我中有你的命运共同体。

必须坚持立足民族，维护国家发展主体性。在经济全球化的条件下，国家仍然是民族存在的最高组织形式，是国际社会活动中独立的主体。只要国家继续存在，爱国主义就有坚实的基础。

必须面向世界，构建人类命运共同体，这是新时代坚持和发展中国特色社会主义基本方略的重要内容。

当今世界，没有哪个国家能够独自应对人类面临的各种挑战，也没有哪个国家能够退回到自我封闭的孤岛。共同建设一个持久和平、普遍安全、共同繁荣、开放包容、清洁美丽的世界，是全人类的共同利益和共同价值追求。

40多年前，5万多名中华儿女满怀对非洲人民的真挚情谊来到非洲，同兄弟的坦桑尼亚和赞比亚人民并肩奋斗，在茫茫草原上披荆斩棘，克服千难万险，用汗水和鲜血乃至生命筑成了被誉为友谊之路、自由之路的坦赞铁路。他们中有60多人为此献出了宝贵的生命，永远长眠在这片远离故土的土地上。

请看案例：习近平首倡上海精神"五观"，奏响世界文明新乐章。

2018年6月10日，国家主席习近平在上海合作组织成员国元首理事会第十八次会议上发表了重要讲话，并首次系统性地提出了弘扬"上海精神"

的"五观",即发展观、安全观、合作观、文明观和全球治理观。即树立创新、协调、绿色、开放、共享的发展观,促进共同繁荣;践行共同、综合、合作、可持续的安全观,实现普遍安全;秉持开放、融通、互利、共赢的合作观,构建开放型世界经济;树立平等、互鉴、对话、包容的文明观,追求文明交流、互鉴和共存;坚持共商共建共享的全球治理观,构建人类命运共同体。

(教师点评)习近平总书记做出精辟的阐述:"上海合作组织始终保持旺盛的生命力、强劲的合作动力,根本原因在于它创造性地提出并始终践行了'上海精神'。"

上海精神真正体现了爱国主义与热爱人类命运共同体的高度统一,中国愿意与参与各方保持共生共荣的关系,凝聚合力、求同存异、求同化异,催生出新的更大合作空间。

三、做忠诚的爱国者

只有把国家的安全、荣誉和利益放在高于一切的地位,始终做到爱国的深厚情感、理性认识和实际行动相一致,与祖国同呼吸、共命运,才是真正的爱国者。实现从爱国情感到爱国觉悟、爱国行动的升华。爱国情感是感性基础,爱国觉悟是理性升华,爱国行动才是具体实践。

(一)维护和推进祖国统一

保持香港、澳门长期繁荣稳定,实现祖国完全统一,是实现中华民族伟大复兴的必然要求,是不可阻挡的历史进程,也是全体中华儿女的共同心愿。

1. 坚持一个中国的原则

一个中国原则是两岸关系的政治基础;"九二共识"是确保两岸关系和平发展的关键;"和平统一、一国两制"是实现国家统一的最佳方式和基本方针。

请看案例:"我向中国人脱帽致敬"。

我们有一位记者赴巴黎第十二大学留学,上第一堂课时就被教授"挑战"式地提问:"作为记者,请概括一下你在中国是如何工作的?"我们这位留学生回答说:"概括来讲,我可以写我愿意写的东西。"于是教授精心设计了一个陷阱,问他:"我可以知道您来自哪个中国吗?"我们这位留学生很聪明地回答说:"先生,我没听清楚您的问题。"于是,这位教授继续说:"我是想知道,您是来自台湾中国还是北京中国?"霎时,全班几十双不同颜色的眼睛一齐扫向了我们这位留学生和一位台湾同学。这时这位留学生沉静地说:"只有一个中国,教授先生,这是常识。"随后那位台湾同学在教授和同学的注视下也重复一遍说:"只有一个中国,教授先生,这是常识。"

这位教授似乎不甘心,提出一个更大难度的问题:"我实在愿意请教,中国富强的标志是什么?这儿坐了二十几个国家的学生,我想大家都有兴趣弄清楚这一点。"我们这位留学生站起来,一字一板地说:"最起码的一条是:任何一个离开祖国的我的同胞,再不会受到像我今日承受的这类刁难。"这位教授离开了讲台走向我们这位留学生,一只手放到他的肩上,轻轻地说:"我丝毫没有刁难你的意思。我只是想知道,一个普通的中国人是如何看待他们自己国家的。"然后他大步地走到教室中央大声宣布:"我向中国人脱帽致敬。"

2. 推进两岸交流合作

两岸双方应采取更多积极的举措,提供更多的政策支持,创造更加便利的条件,开创两岸关系和平发展的新前景。

3. 促进两岸同胞团结奋斗

两岸同胞是命运与共的骨肉兄弟,是血浓于水的一家人;兄弟同心,其利断金;两岸双方应该秉持"两岸一家亲"的理念,顺势而为、齐心协力、心心相印、守望相助,巩固和扩大两岸关系的发展成果。

4. 反对"台独"分裂图谋

"统则强,分必乱。""台独"分裂势力及其分裂活动仍然是对台海和平的现实威胁,必须继续反对和遏制任何形式的"台独"分裂主张和活动,不能有任何妥协。要贯彻《反分裂国家法》，旗帜鲜明地反对一切损害两岸关系的言行。

2017年1月15日，美国"旧金山湾区中国统一促进会"等团体一早在凯悦酒店对面的人行道上高举五星红旗，大喊"一个中国，One China，反对'台独'"口号进行示威游行，抗议者近200名。

热爱祖国，维护祖国统一，是中华民族的光荣传统。大学生要感悟两岸关系和平发展的潮流，担当起实现民族伟大复兴的历史重任，为推动两岸的关系和平发展、实现祖国统一做出自己的贡献。

（二）促进民族团结

处理好民族问题、促进民族团结，是关系祖国统一和边疆巩固的大事，是关系民族团结和社会稳定的大事，是关系国家长治久安和中华民族繁荣昌盛的大事。大学生要像爱护自己的眼睛一样维护民族团结，自觉做民族团结进步事业的建设者、维护者和促进者。

一是深化对党的民族理论和民族政策的认识，牢固树立正确的祖国观、民族观，增强对伟大祖国的认同、对中华文化的认同、对中国特色社会主义道路的认同。铸牢中华民族共同体意识，促进各民族团结奋斗、共同繁荣发展。各民族之间平等团结互助合作、互不伤害、相互尊重，共同维护中华民族的利益。

二是认清"藏独"和"疆独"等各种分裂主义势力的险恶用心和反动本质，坚持原则、明辨是非，不信谣、不传谣，不受分裂分子挑拨煽动，不参与违法犯罪活动，要与破坏民族团结的行为做坚决的斗争。

（三）增强国家安全意识

国家安全问题事关国家安危和民族存亡。新时代大学生要增强国家安全意识，对境内外敌对势力的渗透、颠覆、破坏活动保持高度警惕，切实履行维护国家安全的义务。

1. 确立总体国家安全观

国家安全是指一个国家不受内部和外部的威胁、破坏而保持稳定有序的状态。国家安全是安邦定国的重要基石，维护国家安全是全国各族人民根本利益所在。习近平总书记指出:"坚持总体国家安全观。……必须坚持国家利益至上,以人民安全为宗旨,以政治安全为根本,统筹外部安全和内部安全、国土安全和国民安全、传统安全和非传统安全、自身安全和共同安全,完善国家安全制度体系,加强国家安全能力建设,坚决维护国家主权、安全、发展利益。"

2. 增强国防意识

强大的国防是国家生存与发展的安全屏障。我国宪法明确规定,保卫祖国、抵抗侵略是中华人民共和国每一个公民的神圣职责。

3. 履行维护国家安全的义务

我国宪法明确规定了公民维护国家安全的基本义务,国家安全法、保守国家秘密法、国防法、兵役法、反间谍法等法律明确规定了公民维护国家安全的各项具体的法律义务。

请看案例:大学生为2000元成间谍。

2012年,广东省航海学校专科生徐某考入一所重点大学后,发帖求助,获得2000元捐款。不久,对方向徐某提供了一份兼职,月薪2000元,要求他到附近军港为其拍摄军事设施和军舰。尽管徐某很快就意识到对方是境外间谍,但受金钱诱惑难以自拔。2013年5月,徐某行为败露,被国家安全机关依法审查。

新时代的大学生,要把中华民族伟大复兴的历史重任扛在肩上,把爱国之情、强国之志、报国之行统一起来,为国家和民族做出应有的贡献。

【思考与讨论】

1. 什么是爱国主义?基本要求是什么?
2. 怎样理解新时代的爱国主义?
3. 怎样做一个新时代的忠诚爱国主义者?

【参考文献】

1. 邓小平. 中国大陆和台湾和平统一的设想 [M] //邓小平文选:第3卷. 北京:人民出版社,1993.
2. 江泽民. 爱国主义和我国知识分子的使命 [M] //中共中央文献研究

室.十三大以来重要文献选编:中.北京:人民出版社,1991.

3. 习近平.习近平谈治国理政:第2卷[M].北京:外文出版社,2018.

4. 大力弘扬伟大爱国主义精神,为实现中国梦提供精神支柱[N].人民日报,2015-12-31.

5. 吴学文,王俊彦.一门忠烈廖氏家族[M].北京:中共党史出版社,2004.

6. 钱学敏.钱学森在美国的20年[N].光明日报,2006-06—2006-07月连载.

专题十：时代强音
——如何让改革创新成为青春远航的动力

【教学目的】通过本专题学习，引导大学生正确理解创新创造是中华民族最深沉的民族禀赋，深刻认识到改革创新是时代要求，自觉做改革创新的生力军。

【教学重点】正确理解以改革创新为核心的时代精神及时代价值。

【教学难点】引导学生自觉做改革创新的生力军。

【教学方法】采用线上线下混合式教学，通过案例教学、播放视频等教学元素来展开教学，增强思想性、理论性、亲和力和针对性。

【教学元素】视频、案例和经典名言。

【课堂讲授】

改革创新既是中华民族最深沉的民族禀赋，又是新时代发展最鲜明的特征；它是一个国家和民族发展和进步的动力。青年阶段是创新创造最活跃的时期，必须争做改革创新的生力军，让改革创新成为青春远航的强大动力。

（播放视频：《2050年大会：青年人因科技而团聚用创新拥抱未来》）

一、创新创造是中华民族最深沉的禀赋

习近平总书记说过："创新是一个民族进步的灵魂，是一个国家兴旺发

达的不竭动力,也是中华民族最深层的民族禀赋。"①

(一) 中华民族是富有创新精神的民族

在历史的漫漫长河中,中华民族长期积淀的变通求新、因革损益、革故鼎新、与时俱进、与日偕新等创新观念和创新思想构成了中华民族最深沉的民族禀赋。

《礼记·大学》记载:"苟日新,又日新,日日新。"《周易·系辞下》记载:"穷则变,变则通,通则久。"《魏书·李彪列传》云:"革弊创新者,先皇之志也。"《宋史·王安石列传》云:"天变不足畏,祖宗不足法,人言不足恤。"汉朝刘安《淮南子氾论训》曰:"苟利于民,不必法古;苟周于事,不必循俗。",这些都是中华民族传统文化所呈现出的创新基因。

请看案例:屠呦呦和青蒿素。

在人类历史上,疟疾几乎是蹂躏人类时间最长、杀伤范围最广的疾病。而今,据世界卫生组织统计,目前仍有92个国家和地区处于高度和中度流行,每年发病人数为1.5亿,死于疟疾者逾200万人。

2015年10月8日,当年诺贝尔生理学或医学奖被授予中国科学家屠呦呦,以表彰她发现了一种药物——青蒿素,为疟疾防治做出重大贡献。从1969年屠呦呦接受国家抗疟药研究任务开始,历经了380多次实验、承受190次失败的煎熬后,1971年10月4日,编号为第191号的乙醚中性提取物出现了令人振奋的结果——其对疟原虫的抑制率达到100%。这一成功最终证实了青蒿素的抗疟作用。之后,多个青蒿素类抗疟药先后诞生。

青蒿素的发现到研制成功,虽然过程曲折而艰辛,但在屠呦呦及其团队身上却生动而鲜明地体现了中国精神,即开拓新路,大胆尝试,勇于创新的精神。正如屠呦呦自己所说:"作为一个科学工作者,我们需要用创新精神去寻找新事物。"并且她坦言:"获得这个奖,我并不觉得怎么样,我倒是觉得青蒿素真正能救命,能让很多人免于死亡更重要。即使不给我这个奖,但

---

① 习近平. 在欧美同学会成立100周年庆祝大会上的讲话[N]. 人民日报, 2013-10-21.

能救很多人，也值。"

（教师在线上发布问题，从屠呦呦身上我们要学习什么？同学们通过学习通进行交流和讨论，现场抽取3名学生分享自己的看法）

（教师点评）屠呦呦成功研制青蒿素所表现出来的百折不挠、不断创新精神，就是延续了中华民族的最深层的民族禀赋。

(二) 勇于创新创造的民族禀赋成就了辉煌灿烂的中华文明

中华民族积淀的创新创造精神成就了中华文明。汉唐盛世，开创了领先于世界各国的农耕文明。我国古代在天文历法、数学、农学、医学、地理学等众多领域取得瞩目的成就。这些发明创造同生产紧密结合，为农业和手工业发展提供了有力支撑。

英国哲学家培根曾说过：印刷术、火药、指南针，这些发明改变了整个世界事物的面貌和状态。资料显示，16世纪以前世界上最重要的300项发明中，我国占173项，远远超过同时代的欧洲。

在诗词歌赋、绘画、书法等文学艺术领域，中国也为世界奉献了唐诗、宋词、元曲等诸多人类文明宝库里的瑰宝。

(三) 中华民族创新创造的民族禀赋对世界文明做出了巨大贡献

我国在历史上长期处于世界领先地位，思想文化、社会制度、经济发展、科学技术以及其他方面对周边发挥了重要的辐射和引领作用，中华文明对世界文明进步做出了巨大贡献，产生了深远影响。究其深层的精神根源，就在于中华民族创新创造这一宝贵的精神和民族禀赋。

(四) 创新创造的民族禀赋被忽视，丧失了工业革命历史机遇期

近代以来，我国逐渐由领先变为落后，一个重要的原因就是错失了多次科技和产业革命带来的巨大发展机遇，在世界工业革命大潮中被时代远远甩下。

(五) 创新创造的民族禀赋被高度重视，开启了新时代改革创新的新大潮

中华人民共和国的成立，让古老的中国焕发新生，勤劳勇敢的中国人民在建设自己美好家园的伟大实践中迸发出创新创造的生机活力，在中国共产

党的领导下开启了全力追赶时代、勇于引领时代的改革创新大潮。

请看案例：中美贸易战：小个头成为新巨人以后必经的挑战。

2018年3月下旬，随着美国高调宣布将根据301条款对中国出口商品大规模征收关税，并限制中国企业对美投资并购，中美贸易摩擦骤然升温，美国将贸易保护的大棒抡向中国，从表面看，是一场逆差数据"误会"引起的缠斗。美国对华贸易逆差确实看起来不小，但是，美国从中国进口的除了服装、鞋袜、玩具等"纯中国血统"外，还有大量全球采购、中国组装的"混血儿"，其中从美国进口再出口的产品不在少数。这些真实情况在统计数字中难以体现，造成了两国贸易"不平衡"被再三地夸大。

这场贸易战的是非背后，是小个头成长为新巨人后不得不经历的挑战。实际上，中国经济今天正面临着"新巨人"闯入"无人区"的双重挑战。我们不仅体量更大，而且从追跑变为并跑，甚至在很多领域成为领跑；我们的国际地位，从群演变成主角，甚至越来越多地在领舞。某种程度上，我们已经成为全球瞩目的探路者。闯关夺隘、引领航程，唯有依靠创新精神与改革勇毅。就像2018年两会期间习近平总书记在内蒙古代表团参加审议时所说："如果思维方式还停留在过去的老套路上，不仅难有出路，还会坐失良机。"

（案例分析）中美贸易战，起因是因为美国是贸易逆差国，美国的投资超过储蓄，大量资金用于创新的现金预付，美国主要是烧人、烧钱，烧出高科技产品。通过研发投资推动经济增长，通过进口商品满足国内需求，这样就造成了贸易逆差。但是，也正是因为美国对高科技的投入巨大，所以出现苹果、芯片等高科技产品，而对比我国，中国则是贸易顺差国，投资的是互联网、大数据，是烧数据、拼流量平台，无法研发出真正的芯片等高科技产品，所以导致了贸易摩擦，中国在核心技术上受制于人。但是中国精神的内在特质，又在激发中国苦练内功进行核心技术的创新。

二、改革创新是时代要求

习近平总书记指出:"青年是国家和民族的希望,创新是社会进步的灵魂,创业是推动经济社会发展、改善民生的重要途径。青年学生富有想象力和创造力,是创新创业的有生力量。"① 在当代中国,社会发展离不开改革创新,改革创新是社会发展的重要动力,坚持改革创新是新时代的迫切要求。

(一)创新始终是推动人类社会发展的第一动力

从某种意义上说,创新决定着世界政治经济力量对比的变化,也决定着各国各民族的前途命运。

(二)创新能力是当今国际竞争新优势的集中体现

"在激烈的国际竞争中,惟创新者进,惟创新者强,惟创新者胜。"② 今天,国际竞争的新优势越来越集中体现在创新能力上。当今世界,谁牵住了科技创新这个"牛鼻子",谁走好了科技创新这步先手棋,谁就能占领先机,赢得优势。

请看案例:超级计算机的角逐。

超级计算机就是一台具有很强计算能力和数据处理能力的超大型电子计算机,最大的特点是具有一般计算机望尘莫及的高速度和大容量。中国的超级计算机在 2013 年至 2017 年间,一直占据全球超级计算机 500 强之首。2017 年 11 月 13 日,全球超级计算机 500 强榜单发布,我国超级计算机"神威·太湖之光"以每秒 12.5 亿亿次的峰值计算能力和每秒 9.3 亿亿次的持续计算能力再夺桂冠。

---

① 习近平. 致二〇一三年全球创业周中国站活动组委会的贺信 [N]. 人民日报, 2013-11-08.

② 习近平. 在欧美同学会成立 100 周年庆祝大会上的讲话 [N]. 人民日报, 2013-10-21.

超级计算机在国际竞争中具有重要地位，被称为"大国重器"；它广泛应用于航空航天、军事科技、生物信息、材料科学、宇宙研究、船舶工程和计算化学等领域，引发各国超级计算机的角逐和比拼。

2018年6月25日，新一期全球超级计算机500强榜单在德国发布，中国的"神威·太湖之光"退居第二，而跃居榜首的是由美国橡树岭国家实验室发布的超级计算机"顶点"（Summit），浮点运算速度高达12.23亿亿次，比"神威·太湖之光"还快60%。此外，日本计算机巨头富士通和日本最大的研究机构——日本理化研究所也达成合作，声称要"创造世界上性能最高的超级计算机"，欲在2021年争夺世界第一。面对激烈的国际竞争，中国能否再度反超摘冠？我们拭目以待！

（案例分析）各国超级计算机的角逐充分表明：在当今，谁的科技创新能力强，谁就能抢占先机，赢得优势。改革创新（包括科技创新）是时代要求，也是我国赢得未来的必然要求。

（三）改革创新是我国赢得未来的必然要求

抓创新就是抓发展，谋创新就是谋未来。必须把创新作为引领发展的第一动力，把人才作为支撑发展的第一资源，把创新摆在国家发展全局的核心位置，把创新驱动发展战略作为国家重大战略。

2016年5月党中央颁布《国家创新驱动发展战略纲要》，明确提出了我国建设世界科技强国的"三步走"战略目标：第一步，到2020年进入创新型国家行列，基本建成中国特色国家创新体系，有力支撑全面建成小康社会目标的实现；第二步，到2030年跻身创新型国家行列，发展驱动力实现根本转换，经济社会发展水平和国际竞争力大幅提升，为建成经济强国和共同富裕的社会奠定坚实的基础；第三步，到2050年建成世界科技创新强国，成为世界主要科学中心和创新高地，为我国建成富强民主文明和谐的社会主义现代化国家、实现中华民族伟大复兴的中国梦提供强大的支撑。

创新驱动是发展形势所迫。我国经济发展进入新常态，传统发展动力不断减弱，粗放型增长方式难以为继，必须依靠创新驱动打造发展新引擎，培育新的经济增长点，持续提升我国经济发展的质量和效益，开辟我国发展的新空间，实现经济保持中高速增长和产业迈向中高端水平"双目标"。

请观看视频：《创新驱动力创业生力军》。

三、做改革创新的生力军

习近平总书记说："加快建设创新型国家。""培养造就一大批具有国际水平的战略科技人才、科技领军人才、青年科技人才和高水平创新团队。"[①]

中国特色社会主义进入了新时代，经济总量位居世界第二，但经济规模大而不强，经济增长快而不优，关键领域核心技术仍然受制于人；发展不平衡不充分，已成了制约人民对美好生活需要的主要因素。因此，必须以创新作为发展的第一动力。

人才学研究成果表明，公元600年到1960年间的1243位科学家和发明家，共计1911项重大科学发明创造，绝大多数人30岁以前开始做出重大科技发明创造，40岁以前做出第一项重大发明创造的占2/3。青年是进行创新的最佳年龄，必须引导青年做改革创新的生力军。

（一）树立改革创新的自觉意识

1. 增强改革创新的责任感

改革创新表现为一种不甘落后、奋勇争先、追求进步的责任感和使命感。改革创新就是破旧立新，可能会遇到非议、阻力和困难，充满艰辛、奉献甚至牺牲，需要保持对真理追求的执着精神和克服内外困难、抗御内外干扰、控制情绪状态的坚韧的意志力和顽强毅力。

内在驱动力是创新动机和求新意识，而外在驱动力则是自我实现与报效祖国的雄心壮志和责任感。如果没有强烈的责任感和使命感，很难支撑人们克服和战胜改革创新过程中的艰难曲折。

[①] 习近平．决胜全面建成小康社会夺取新时代中国特色社会主义伟大胜利［M］．北京：人民出版社，2017：31.

大学生要不断增强改革创新的使命感和责任感，以时不我待、只争朝夕的紧迫感投身改革创新实践中去，在改革创新中奉献服务社会，实现自己的人生价值。

请看案例：黑土麦田与其"农村创客"计划

黑土麦田（Serve for China）是民政部批准成立的全国性公益组织，联合发起人秦玥飞从耶鲁本科毕业后至今一直扎根农村担任大学生村干部，2015年，黑土麦田开展了为"农村创客"提供资金众筹、电商下乡、乡村普法、创业帮扶等服务，同年夺得OTEC创业大赛全球决赛冠军、最佳"互联网+"类项目奖。2016年，又推出"农村创客"计划（Serve for China Fellowship）：通过创新服务帮助农村经济组织负责人更高效地创业，通过整合资源带领返乡青年等农民进行创业实践。作为全国"最美村干部"，秦玥飞创造性地提出"农村创客"计划，展现了当代青年创新精神风貌。

2. 树立敢于突破陈规的意识

陈规最易束缚人的思维和手脚，创新创造的过程往往充满艰辛。大学生要敢于大胆突破陈规甚至常规，敢于大胆探索尝试，善于观察发现、思考批判，不唯书、不唯上，只唯实，才能够在实践中做到不断改革创新。

3. 树立大胆探索未知领域的信心

法国生理学家贝尔纳指出："构成我们学习最大障碍的是已知的东西，而不是未知的东西。"要学会不断克服思维障碍，突破思维定式和习惯，培养学生探索未知领域的兴趣和创新必胜的信念。创新就是创造未有的新客体，必须具有持久的恒心和自信心。在实践中有直面困难的勇气，有突破难关的精神，锐意进取，奋力前行。青年学生应是常为新、敢创造的，理当锐意创新创造，勇做改革创新的生力军。

彭蕾认为，阿里巴巴帝国的成功得益于它的人才观是聪明、皮实、乐观、自省，最核心的能力是眼界、胸怀、心力，归根结底就是要善于学习新东西，乐观自信。

（二）增强改革创新的能力本领

创造学认为，人人都具有创新潜能，先天的创新潜能只是为从事某个领域的创新提供了可能性。但是,要把这种潜在的可能性变成现实的创新成果,必须开发、启导、激活其创新潜能,因而需要培养人的创新能力。创新潜能是先天的,但创新能力是可以培养的。迎接新时代科技的挑战,最重要的是培养具有创新能力的人才,促其不断地推行改革创新。

1. 夯实创新基础

知识是创新的原料和基础,创新是知识的重新组合。厚积薄发,积累知识就是创新。专家之所以在创新能力上优于新手,并表现出独特性、深刻性、批判性和准确性,是因为专家在某一领域形成了优于新手的系统化的知识体系。大学生作为改革创新的生力军,应从扎实系统的专业知识学习起步和入手,而不能好高骛远,空谈改革,坐论创新。

2. 培养创新思维

创新思维是创新能力的核心要素,具有独创性、流畅性、敏锐性、变通性和精密性等思维特质。大学生在专业学习与社会实践中应自觉培养创新型思维,勤于思考,敢于发表超出常人的见解;善于变通,敢于提出不同的意见;勇于创新,培养灵活多变和求新求异的思维方法。

3. 投身创新实践

当代大学生应当在全面深化改革和第四次科技重大变革的伟大实践中深深体悟改革创新精神,增强改革创新的意识,锤炼改革创新的意志,增强改革创新的能力本领,勇做改革创新的实践者和生力军。

请看案例:中国造星人——航天五院通信卫星创新团队。

2017年4月12日,实践十三号卫星发射升空。实践十三号卫星的成功研制是中国卫星通信进入高通量时代的标志,将彻底改善飞机、船舶、高铁等交通工具上的上网体验。

2000年以来,中国航天科技集团公司五院"通信卫星创新团队"逐渐成为我国通信卫星设计、研制及应用的核心力量,全力推动通信卫星核心关键技术的攻关与应用。该团队平均年龄只有33岁。支撑五院创新团队的精神依托是"来自代代相传的航天精神。也来自一名航天人的责任"。团队成立后,就紧盯国际上最先进的技术,不断攻关、突破。一开始受客观条件的限制,很多困难是难免的。当年为了做实验,需要运输镍氢电源,因为是氢电池,铁路运不了,只能靠公路长途运输。从天津、北京,一路到兰州,做完实验,大雪天里再开回来。正是在这种简陋的条件下,多方配合,全国大协作,才把国外封锁的技术突破了。青年强则国强,青年创新则国家进步。该团队坚持自主创新,锐意进取,一大批中青年骨干脱颖而出,走上产品开发和型号研制的最前沿,是当之无愧的"时代先锋"。

(点评)中国的希望在创新,创新的希望在青年。"五院创新团队"印证了青年就是创新生力军。大学生要坚定创新信念,勇做改革创新的实践者。

2013年6月20日,习近平总书记在同团中央新一届领导班子集体座谈时的讲话中指出:"青年身上蕴藏着巨大的创造能量和活力。要充分认识青年的这个特质……把蕴藏在青年身上的创造能量和活力激发出来,使青年人人都能成才、人人皆可出彩。"①

【思考与讨论】

1. 怎样理解以改革创新为核心的时代精神?
2. 结合自己实际,谈谈大学生如何做改革创新的生力军。

【阅读文献】

1. 中共中央文献研究室. 习近平关于科技创新论述摘编 [M]. 北京:中央文献出版社, 2016.

2. 习近平. 要有高度的文化自信,习近平谈治国理政:第2卷 [M]. 北京:外文出版社, 2017.

---

① 习近平. 在同团中央新一届领导班子集体谈话时的讲话 [N]. 人民日报, 2013 - 06 - 20.

专题十一：价值引领
——如何培育和践行社会主义核心价值观

【教学目的】通过本专题学习，引导学生明确社会主义核心价值观凝结着全体人民共同的价值追求；从国家、社会、个人三个层面把握社会主义核心价值观基本内容，正确理解社会主义核心价值观与社会主义核心价值体系之间的内在联系，自觉坚定价值观自信；积极培育和践行社会主义核心价值观，科学把握"勤学、修德、明辨、笃实"的具体要求，努力把社会主义核心价值观内化为自己的精神追求，外化为自觉的实际行动。

【教学重点】明确社会主义核心价值观是当代中国精神的集中体现，凝结着全体人民共同的价值追求，科学掌握社会主义核心价值观的基本内容；引导和帮助青年学生走在时代前列，自觉地积极培育和践行社会主义核心价值观。

【教学难点】采用线上线下混合式教学，正确理清社会主义核心价值观与社会主义核心价值体系之间的内在联系，自觉坚定价值观自信；引导和帮助青年学生科学把握"勤学、修德、明辨、笃实"的具体要求，努力把社会主义核心价值观内化为自己的精神追求，外化为自觉的实际行动。

【教学方法】采用线上线下混合式教学，以贴近现实的现象和问题为牵引，以教师讲授和学生讨论相结合，引导学生对社会主义核心价值观达成共识与高度认同，自觉地培育和践行社会主义核心价值观。

【教学元素】案例、经典名言、红色资源、视频、新闻报道、照片、音乐。

【课堂讲授】

（播放视频：《习近平：大力培育和弘扬社会主义核心价值观》）

党的十九大报告指出："要培育和践行社会主义核心价值观，把社会主义核心价值观融入社会发展各个方面，转化为人们的情感认同和行为习惯。"① 社会主义核心价值观是当代中国精神的集中体现，凝结着全体人民共同的价值追求，是推动中国发展和民族进步的强大精神动力；人民有信仰，国家有力量，民族有希望，青年学子要努力成为培育和践行社会主义核心价值观最积极、最活跃、最充分的青年先进代表。

一、社会主义核心价值观的主要内容

同学们，在课程开始之前，我们首先来看几个案例。在《非诚勿扰》的相亲栏目里曾经有位女嘉宾马某提出择偶的标准是宁愿坐在宝马车里哭，也不愿坐在单车后笑；2010年10月，西安音乐学院药某将张某撞倒，药某驾驶小车撞上一辆电动摩托后，发现被撞者正在记录车牌号而将被撞者用刀捅死；南京大街上老人倒在地上无人敢扶而死去。

那么，这些案例说明了什么问题？

这些案例说明，当代中国要长治久安，必须有自己的核心价值观来引领。习近平总书记说："如果一个民族、一个国家没有共同的核心价值观，莫衷一是，行无依归，那这个民族、这个国家就无法前进。"

（一）核心价值观内涵

1. 价值

价值是揭示外部客观世界对于满足人的需要的意义关系的范畴，是指具有特定属性的客体对于主体需要的意义。

---

① 习近平. 决胜全面建成小康社会夺取新时代中国特色社会主义伟大胜利——在中国共产党第十九次全国代表大会上的报告［M］. 北京：人民出版社，2017：42.

2. 价值观

价值观是指人们关于什么是价值，怎样评判价值，如何创造价值等问题的基本观点，它包含了人们的价值取向与价值追求，以及评判的价值尺度与价值准则。

3. 核心价值观

核心价值观是指一定社会形态社会性质的集中体现，在一个社会的思想观念体系中处于主导地位，体现着社会制度、社会运行的基本原则和社会发展的基本方向。

习近平总书记说："核心价值观，承载着一个民族、一个国家的精神追求，体现着一个社会评判是非曲直的价值标准。"① 历史的发展与事实说明一个国家的发展离不开核心价值观。

在当今的中国，传统和现代、先进与落后、本土与外来相互交织，给人们的价值观念带来了空前影响。

如果一个民族一个国家没有共同的价值观，那这个民族、这个国家就无法前进。在当今的中国，我们的国家、我们的社会，我们的公民应当坚守和践行什么样的核心价值观？这不但是一个理论问题，更是一个实践问题。

（二）社会主义核心价值观的形成历程与背景

1. 社会主义核心价值观的形成历程

2006 年 10 月，党的十六届六中全会第一次明确提出了"建设社会主义核心价值体系"的重大命题和社会主义核心价值体系的基本内容。

2011 年 10 月，党的十七届六中全会强调，社会主义核心价值体系是"兴国之魂"，建设社会主义核心价值体系是推动文化大发展大繁荣的根本任务，首次提出了社会主义核心价值观。

2012 年 11 月，中共十八大报告明确提出"三个倡导"，即"倡导富强、民主、文明、和谐，倡导自由、平等、公正、法治，倡导爱国、敬业、诚信、友善，积极培育社会主义核心价值观"。

---

① 习近平. 在同北京大学师生座谈会上的讲话 [N]. 人民日报，2014 – 05 – 05.

2. 社会主义核心价值观的时代背景。

第一，面对当今国际形势发展，必须唱响自己的思想主旋律。

经济上全球化、一体化，和平、发展、合作共赢，构建人类命运共同体，成为当今世界谋求发展的必然选择。政治上多极化，国际局势保持总体和平、缓和与稳定态势，但局部性的战争、动荡与紧张有所加剧，美国霸权主义和强权政治继续四处蔓延，中国的和平崛起，成了维护世界和平与发展、推进世界民主化进程的重要力量。文化上多样化，全球范围资本主义文化和社会主义文化之间既竞争较量，又合作共存；意识形态的输出和渗透更加隐性和多样化；中西不同思想文化和价值观念既相互冲突又相互交融发展，世界各种文化传承与创新交替并存。海纳百川有容乃大，吸收借鉴一切优秀先进文明成果，推动中国特色社会主义文化不断繁荣发展，中华民族迎来了从站起来、富起来到强起来的伟大飞跃。要实现从成功解决挨打、挨饿到成功解决挨骂的历史性重大飞跃，不仅物质上要强大起来，而且精神上也要强大起来，提升国家的综合实力。以美国为首的西方国家不断分化和西化中国，从对台销售武器、东海和南海挑衅到中美贸易战、乱港事件，分裂中国的和平演变和图谋战略从未停止过。他们散布所谓"中国崩溃论""中国威胁论"等论调妖魔化中国，攻击中国的爱国主义为"狭隘的民族主义"，视中国特色社会主义为"极权主义"和"国家资本主义"。

总之，世界处在大发展、大调整、大变革的时代，政治多极化，经济全球化，文化多样化，当今世界走向和平、发展与合作、共赢的道路，而中国必须抓住历史发展机遇，继续坚持和发展中国特色社会主义，培育和践行社会主义核心价值观，在构建人类命运共同体的历史进程中必须唱响我们社会主义社会思想的主旋律。

第二，面对国内发展的挑战与机遇，必须夯实共同思想基础。

新时代中国正面临着历史发展的交汇期，迎来了实现"两个一百年"奋斗目标，2020年要实现全面建成小康社会，在此基础上要开启建设富强民主文明和谐美丽的社会主义现代化强国新征程；全面深化改革进入了关键时期，制度完善、体制变革，发展转型，新发展理念全面推进，利益格局深刻调整，生活方式深刻变化，给人们的价值观念和思想活动带来了巨大的活力，不断推动着人们解放思想，改变观念，开拓思维，焕发出自强不息、奋力拼搏的精神。但同时随着改革推进和社会转型发展，人们的思想观念呈现出多元多样多变的特征，人们的思想活动的独立性、选择性、多变性和差异性也日益增强，从而出现了一些信仰缺失、精神缺钙等现象，更加凸显出核心价值观的重要性和紧迫性。总之，不论社会思想观念如何多样多变，不论人们的价值取向发生怎样变化，必须毫不动摇地在全社会培育和践行社会主义核心价值观，夯实共同思想基础，汇聚实现中华民族伟大复兴中国梦的磅礴力量。

（三）社会主义核心价值观与社会主义核心价值体系之间关系

与社会主义核心价值观相对应的一个概念就是社会主义核心价值体系，社会主义核心价值体系包括四个方面的基本内容，即马克思主义指导思想、中国特色社会主义共同理想、以爱国主义为核心的民族精神和以改革创新为核心的时代精神、社会主义荣辱观。社会主义核心价值观是社会主义核心价值体系的精神内核，体现社会主义核心价值体系的根本性质和基本特征，反映社会主义核心价值体系的丰富内涵和实践要求，是社会主义核心价值体系的高度凝练和集中表达。

（四）社会主义核心价值观的主要内容

党的十八大报告用十二个关键词二十四个字分别从国家、社会、公民三个层面提出了社会主义核心价值观，这就是：富强、民主、文明、和谐，自由、平等、公正、法治，爱国、敬业、诚信、友善。这十二个关键词体现了在多元中主导，在多样中谋共识，在多变中定方向。

请观看视频：《社会主义核心价值观内容解读》。

1. "富强、民主、文明、和谐"是国家层面的价值目标

这是从国家发展目标角度概括出来的核心价值观，它体现了我们国家发展中国特色社会主义的宏伟目标和价值追求。中国特色社会主义建设总体布局是"五位一体"，即经济建设、政治建设、文化建设、社会建设和生态文明建设。"五位一体"的价值目标就是要达到经济上越来越富强，政治上越

来越民主，文化上越来越文明，社会和生态上越来越和谐，即到20世纪末把我国建设成为富强、民主、文明、和谐、美丽的社会主义现代化强国。

2．"自由、平等、公平、法治"是社会层面的价值目标

它实际上告诉我们要建设什么样的社会。马克思主义所要追求的终极目标是人的自由和全面发展，中国共产党一直致力于追求公平正义，坚持科学发展，坚持以人为本，坚持立党为公、执政为民，坚持依法治国，统筹兼顾，构建和谐社会，最终的目标是追求共建共享，逐步走向共同富裕，都是为了更好地服务人民，促进社会和人自身的全面发展，体现了"以人民为中心"的社会价值诉求目标。

3．"爱国、敬业、诚信、友善"是公民层面的价值目标

它明确指出我们要培育什么样的公民。爱国、敬业、诚信、友善，就是每个公民所要追求的价值目标，不但涵盖了社会公德、职业道德、家庭道德、个人品德各方面，同时也是做人道德的基本要求；它规范了公民在社会价值多元化背景下的价值行为选择，让公民能够守住价值底线。它有利于规范公民的个人言行，有利于公民的个人成长，更有利于中国全民族基本素养的提升。它体现了中华民族传统美德和社会主义道德的基本要求。

请看案例：陕西富平产科医生利用职务便利私卖婴儿，结果医生的底线没有守住。

（播放视频《致敬！每一位新时代的"雷锋"》）

社会主义核心价值观把涉及国家、社会、公民的价值要求融为一体，体现了社会主义本质要求，继承了中华优秀传统文化，吸收了世界文明有益成果，体现了时代精神，是对我们要建设什么样的国家、建设什么样的社会、培育什么样的公民等重大问题的深刻解答。

二、当代中国发展进步的精神指引

我们先来看一段视频：《习近平主席讲话》。

习近平总书记说:"实现我们的发展目标,实现中国梦,必须增强道路自信、理论自信、制度自信,'千磨万击还坚劲,任尔东西南北风'。而这'三个自信'需要我们对核心价值观的认定作支撑。"①

党的十九大报告明确指出:"坚持社会主义核心价值体系。文化自信是一个国家、一个民族发展中更基本、更深沉、更持久的力量。必须坚持马克思主义,牢固树立共产主义远大理想和中国特色社会主义共同理想,培育和践行社会主义核心价值观,不断增强意识形态领域主导权和话语权,推动中华优秀传统文化创造性转化、创新性发展,继承革命文化,发展社会主义先进文化,不忘本来、吸收外来、面向未来,更好构筑中国精神、中国价值、中国力量,为人民提供精神指引。"②

(一)培育和践行社会主义核心价值观是坚持和发展中国特色社会主义的价值遵循

党的十九大报告明确指出:中国特色社会主义进入新时代,中华民族迎来了从站起来、富起来到强起来的伟大飞跃。坚守社会主义核心价值观,就是要从国家、社会和个人三个层面明确新时代我们到底要建设什么样的国家、建设什么样的社会、培育什么样的公民,我们要朝着什么方向走、不能朝什么方向走。社会主义核心价值观用"二十四个字"把国家、社会、公民的价值诉求融为一体,既体现了社会主义的本质要求,又体现了时代精神,能够代表全国各族人民的价值诉求的最大公约数。

古人云:"礼义廉耻,国之四维,四维不张,国乃灭亡。"(《管子·牧民》)这是中国先人对当时核心价值观的认识。在当代中国,坚持社会主义核心价值体系,作为新时代中国特色社会主义基本方略之一,为我们高举中国特色社会主义伟大旗帜,牢固树立中国特色社会主义道路自信、理论自信、制度自信、文化自信指明了方向,它能更好地构筑中国精神,使得人民

---

① 习近平.决胜全面建成小康社会夺取新时代中国特色社会主义伟大胜利[M].北京,人民出版社,2017:41.

② 习近平.决胜全面建成小康社会夺取新时代中国特色社会主义伟大胜利[M].北京,人民出版社,2017:41.

有信仰，国家有力量，民族有希望，为实现中华民族伟大复兴中国梦提供价值遵循。

习近平总书记指出，"要使社会主义核心价值观的影响像空气一样无所不在、无时不有"，"要切实把社会主义核心价值观贯穿于社会生活方方面面"①。在大众文化产品的设计、生产、推广销售等整个过程中，都要以社会主义核心价值观来指导。社会主义核心价值观体现了党和政府的价值导向，为中国特色社会主义大众文化产品提供了价值遵循。

（二）培育和践行社会主义核心价值观是提高国家文化软实力的迫切需要

谈到国家软实力，美国哈佛大学教授约瑟·奈在《软实力——国际政治的制胜之道》中首先定义了软实力的概念："软实力是通过吸引而非强迫或收买的手段来达己所愿的能力。"一个国家的综合国力既包括由经济、科技、军事实力等表现出来的"硬实力"，也包括以文化和意识形态吸引力体现出来的"软实力"。硬实力固然重要，但是在信息时代，软实力正变得比以往更为突出。国家与国家之间的竞争体现为"软"和"硬"的较量，中华民族伟大复兴不仅是"站起来"和"富起来"，更要"强起来"；不仅要解决"挨打"和"挨饿"的处境，还要解决"挨骂"的困境。现代国家与国家之间的交锋中意识形态的交锋从来没有停止过，一个国家文化软实力的竞争就是国家之间核心价值观的竞争。

英国前首相丘吉尔曾说："我宁愿失去一个印度，也不肯失去一个莎士比亚。"在成为大国的过程中，戏剧家莎士比亚的作品提升了英国的人文精神，科学家牛顿的力学定律开启了英国工业革命的大门，经济学家亚当·斯密的《国富论》为英国提供了一个新的经济秩序。

在法兰西思想与精神的圣地先贤祠，正门上铭刻着这样一句话："献给伟人，祖国感谢他们。"这里安葬了72位法国历史人物，大多是思想家、作

---

① 习近平. 在十八届中央政治局第十三次集体学习时的讲话[N]. 人民日报，2014-02-25.

家、艺术家和科学家。多少年来，法兰西共和国一直以其卓尔不群的文化影响力，向世界发出自己的声音，根源就在于此。

2014年2月24日习近平总书记在中央政治局讲话时强调："核心价值观是文化软实力的灵魂、文化软实力建设的重点。这是决定文化性质和方向的最深层次的要素。一个国家的文化软实力，从根本上说，取决于核心价值观的生命力、凝聚力、感召力。"

培育和践行社会主义核心价值观，能用最简洁的语言介绍和说明中国，有利于扩大中华文化的影响力，展示中国的良好形象，增强社会意识形态的竞争力，掌握话语权，赢得主动权，维护国家文化利益和意识形态安全，不断提高我国的文化软实力。

请观看视频：《习近平：推动社会主义文化繁荣昌盛》。

（三）培育和践行社会主义核心价值观是增进社会团结和谐的最大公约数

当前我国正处于经济转轨和社会转型的加速期，思想领域日趋多元、多样、多变，各种思潮此起彼伏，各种观念交相杂陈，不同价值取向并存，所有这些表现出来的是具体利益、观念观点之争，但折射出来的是价值观的分歧。

富强、民主、文明、和谐，自由、平等、公正、法治，爱国、敬业、诚信、友善，传承着中华民族优秀传统文化基因，寄托着近代以来中国人民上下求索、历经千辛万苦确立的理想信念，也承载着我们每个人共同的美好愿景，是最能够激励全党全国各族人民奋勇前进的强大精神力量。

培育和践行社会主义核心价值观，是有效整合我国社会意识、凝聚社会价值共识、解决和化解社会矛盾、聚合磅礴之力的重大举措，能够引领中国人民实现中华民族伟大复兴，让中华民族以更加自信、更加自强的姿态屹立于世界民族之林。

历史和现实一再表明，只有建立共同的价值目标，一个国家和民族才会有赖以维系的精神纽带，才会有统一的意志和行动，才会有强大的凝聚力、向心力。

毛泽东指出，党要有"共同语言"，社会主义国家要有"统一意志"。邓小平指出："我们这么大一个国家，怎样才能团结起来、组织起来呢？一靠理想，二靠纪律。组织起来就有力量。"江泽民指出："一个民族、一个国家，如果没有自己的精神支柱，就等于没有灵魂，就会失去凝聚力和生命力。"胡锦涛指出，要增强"民族精神"，巩固"精神支柱"，形成"共同理想信念"。

习近平总书记说："我国是一个有着13亿多人口、56个民族的大国，确立反映全国各族人民共同认同的价值观'最大公约数'，使全体人民同心同德、团结奋进，关乎国家前途命运，关乎人民幸福安康。"[①]

三、坚定价值观自信

文化自信，是一个国家、一个民族发展中更基本、更深沉、更持久的力量，其中，最持久、最深层的力量就是全社会共同认可的核心价值观。中国特色社会主义道路自信、理论自信和制度自信共同体现了社会主义本质要求，体现中国特色社会主义"特"之所在，但都需要文化自信做支撑，而文化自信最本质的元素就是"价值自信"。我们应自觉地把核心价值观的要求变成日常的行为准则，进而坚定核心价值观自信。

习近平总书记说过："一个民族、一个国家，必须知道自己是谁，是从哪里来的，要到哪里去，想明白了、想对了，就要坚定不移朝着目标前进。"[②] 这种坚定不移地朝着目标前进的精神状态，就是一个民族、一个国家高度自觉自信的状态。

请观看视频：《习近平：坚守我们的核心价值观》。

请思考，核心价值观自信与"四个自信"的关系是什么？

[①] 习近平. 在北京大学考察时的讲话 [N]. 人民日报, 2014 - 05 - 05.
[②] 习近平. 在北京大学考察时的讲话 [N]. 人民日报, 2014 - 05 - 05.

（教师课前在线上发布此问题，同学们带着对问题的讨论和疑难进课堂，老师进行现场指导）

（教师点评）正如同学们所讨论的，核心价值观自信，是"四个自信"的价值内核，"四个自信"体现了核心价值观的本质所在。

（一）社会主义核心价值观的历史底蕴

中华优秀传统文化是涵养社会主义核心价值观的重要源泉，是中华民族的精神命脉。在世界几大古代文明中，中华文明之所以没有中断并能够延续发展至今，一个重要原因就是中华民族有一脉相承的精神追求、精神特质、精神脉络。

中华优秀传统文化，强调"民惟邦本""和而不同"；"天行健，君子以自强不息""大道之行也，天下为公"；"天下兴亡，匹夫有责"，主张以德治国、以文化人；"君子坦荡荡""人而无信，不知其可也"；"德不孤，必有邻""与人为善"；"己所不欲，勿施于人""老吾老以及人之老，幼吾幼以及人之幼"。这些思想都是社会主义核心价值观的重要源泉。

习近平总书记说过："深入挖掘和阐发中华优秀传统文化讲仁爱、重民本、守诚信、崇正义、尚和合、求大同的时代价值，使中华优秀传统文化成为涵养社会主义核心价值观的重要源泉。"[1]

社会主义核心价值观，是对中华优秀传统文化的继承和升华，赋予中华优秀传统文化以新的时代内涵。

必须从中华优秀传统文化中汲取丰富营养，坚持历史唯物主义立场，坚持古为今用、坚持推陈出新，有鉴别地加以对待，有扬弃地予以继承。推动中华优秀传统文化创造性转化和创新性发展，激活其生命力，增强其影响力和感召力，把当代中国文化创新成果传播出去。

请观看视频：《坚定文化自信，提高国家文化软定力》。

（二）社会主义核心价值观的现实基础

2014年5月4日，习近平在北京大学师生座谈会上的讲话中指出："一

---

[1] 习近平. 习近平新时代中国特色社会主义思想学习纲要［N］. 人民日报，2019-08-09.

个民族、一个国家的核心价值观必须同这个民族、这个国家的历史文化相契合,同这个民族、这个国家的人民正在进行的奋斗相结合,同这个民族、这个国家需要解决的时代问题相适应。"①

中国特色社会主义建设是社会主义核心价值观的实践根据。一个国家的核心价值观念,同这个国家所要解决的主题密切相关;社会主义核心价值观生成于中国特色社会主义建设实践,同当今中国最鲜明的时代主题相适应,是当代中国精神的集中体现,是中国特色社会主义本质规定的价值表达;推进中国特色社会主义伟大事业需要强有力的价值引领,社会主义核心价值观从价值观层面,清晰展现了中国特色社会主义建设的基本特征和根本追求。

中国特色社会主义实践充分展示和印证了社会主义核心价值观的生机活力与优势特色、正确性与可信性、时代性。一是中国特色社会主义建设以无可辩驳的事实生动地展示了社会主义核心价值观的生机活力,亮出了它的最本质的特色。二是中国特色社会主义建设的成功经验,是对社会主义核心价值观的正确性、可信性的检验。三是中国特色社会主义建设的新推进,不断为社会主义核心价值观注入丰富而鲜活的时代内涵。

(三) 社会主义核心价值观的道义力量

社会主义核心价值观以其先进性、人民性和真实性而居于人类社会的价值制高点,具有强大的道义力量。

1. 社会主义核心价值观的先进性

社会主义核心价值观的先进性体现在它是社会主义制度所坚持和追求的核心价值理念。中国特色社会主义制度是科学社会主义原则与中国实际的创造性结合,至今仍在不断地改革、完善和发展之中。社会主义核心价值观反映着我国社会主义基本制度的本质要求及其内在的精神之魂,代表着当今时代人类社会的价值制高点。

2. 社会主义核心价值观的人民性

社会主义核心价值观的人民性体现在它所代表的最广大人民的根本利

---

① 习近平. 在北京大学考察时的讲话 [N]. 人民日报, 2014-05-05.

益，反映了最广大人民的价值诉求，引导着最广大人民为实现美好社会理想而奋斗。

马克思、恩格斯在《共产党宣言》中指出："无产阶级的运动是绝大多数人的，为绝大多数人谋利益的独立运动。"① 人民性正是社会主义核心价值观的根本特性。

中国共产党人的初心和使命就是为中国人民谋幸福，为中华民族谋复兴，为人类做出新的更大贡献。

3. 社会主义核心价值观的真实性

人民当家做主的社会主义制度，为社会主义核心价值观的真正实现奠定了根本的制度前提和制度保障，使得自由、民主、公正等价值观"不是装饰品，不是用来做摆设的，而是要用来解决人民要解决的问题的"，成为真切、具体、广泛的现实。

（四）坚定社会主义核心价值观自信的基本要求

一是自觉以社会主义核心价值观来引领我们接力前行。二是运用马克思主义客观辩证地分析各种错误价值观的实质，不断增强社会凝聚力和价值共识。三是虚心学习借鉴人类社会创造的一切文明成果，但不能照抄照搬别国的发展模式，绝不能接受任何外国颐指气使的说教。

四、做社会主义核心价值观的积极践行者

请观看视频：《习近平总书记对青年践行社会主义核心价值观的四点要求》。

作为新时代大学生，怎么践行社会主义核心价值观？

（教师在线上发布此问题，同学们通过智慧工具来进行交流和讨论，现场抽取3名学生分享自己的看法）

---

① 马克思，恩格斯. 共产党宣言［M］. 北京：人民出版社，2014：39.

（一）扣好人生的扣子

青年的价值取向决定了未来整个社会的价值取向。青年处在价值观形成和确立的时期，抓好这一时期的价值观养成十分重要。这就像穿衣服扣扣子一样，如果第一粒扣子扣错了，剩余的扣子都会扣错。人生的扣子从一开始就要扣好。

青年时期的毛泽东在学校里的教室外一个人大声地念《少年中国说》，"故今日之责任，不在他人，而全在我少年。少年智则国智，少年富则国富；少年强则国强……"《少年中国说》仿佛道出了教室里学子们的心声，他们纷纷走出教室外，与青年毛泽东同声朗诵。自觉地将中国的重量放在自己的肩上，是那个时代青年人的自我价值设定，激荡一代青年的人生洪流。毛泽东在自己的青春里，扣好了自己人生的第一粒扣子。

青春须早为，岂能长少年！人生最累的时候，往往不是最苦的时候，而是在刚开始起步，看不到目标的时候。

越是环境复杂，青年人越要思考如何树立向上向善、积极进取的价值观。这不仅关系到党的事业后继有人，更关系到一个民族的未来。

让青春为实现中国梦而绽放，将奋斗的平台放在祖国伟大事业上成就理想；在实现中国梦的伟大实践中书写别样精彩的人生，这是时代的召唤，更是当代青年的使命。以何种姿态投身这一改变历史进程的伟大实践，检验着每个青年人是否具有理想与担当。

五四青年节前夕在给河北保定学院西部支教毕业生群体代表的回信中，习近平总书记强调，同人民一道拼搏、同祖国一道前进，服务人民、奉献祖国，是当代中国青年的正确方向。好儿女志在四方，有志者奋斗无悔。

核心价值观是人生的扣子，也是生活和社会的镜子。每一代青年都有自己的际遇和机缘，都要在自己所处的时代条件下谋划人生、创造历史。请同学们谈谈，你应该如何扣好人生的扣子？

列夫·托尔斯泰说："人生的价值，并不是用时间，而是用深度去衡量的。"

同祖国和人民在一起，为实现中国梦而拼搏，这样的人生注定有深度、有厚度、更精彩。大学生成才成长和全面发展,离不开正确价值观的引领。

正确的价值观能够引导大学生把人生价值追求融入国家和民族事业,始终站在人民大众立场,同人民一道拼搏、同祖国一道前进,服务人民、奉献社会,努力成为中国特色社会主义事业的合格建设者和可靠接班人。

大学生要努力把核心价值观的要求变成日常的行为准则,形成自觉奉行的信念理念,为实现国家富强、民族振兴、人民幸福的中国梦凝聚强大的青春正能量。

(二) 勤学修德明辨笃实

习近平总书记说:"一种价值要真正发挥作用,必须融入社会生活,让人们在实践中感知它、领悟它。"[①]

习近平总书记强调:"青年兴则国家兴,青年强则国家强。青年一代有理想、有本领、有担当,国家就有前途,民族就有希望。中国梦是历史的、现实的,也是未来的;是我们这一代的,更是青年一代的。"[②]

(观看视频:《假如见到总书记,我想对他说……》)

习近平总书记指出,核心价值观的养成绝非一日之功,要坚持由易到难、由近及远,努力把核心价值观的要求变成日常的行为准则,进而形成自觉奉行的信念理念。

广大青年树立和培育社会主义核心价值观,要在勤学、修德、明辨、笃实上下功夫,加强道德修养,注重道德实践,善于明辨是非,善于决断选择,扎扎实实干事,踏踏实实做人,立志报效祖国、服务人民,于实处用力,从知行合一上下功夫。

(现场讨论,线上发帖,相互分享) 假如见到总书记,你将怎样汇报自己践行社会主义核心价值观的心得?

1. 勤学

知识是树立社会主义核心价值观的重要基础。要努力掌握马克思主义理

[①] 习近平. 中央政治局第十三次集体学习 [N]. 光明日报,2015-06-11.
[②] 习近平. 决胜全面建成小康社会夺取新时代中国特色社会主义伟大胜利 [M]. 北京:人民出版社,2017:70.

论，形成正确的世界观和科学的方法论，深化对社会主义核心价值观的认知认同。要把所学知识内化于心，形成自己的见解，努力掌握为祖国、为人民服务的真才实学，让勤于学习、敏于求知成为青春远航的动力。

2. 修德

一个人只有明大德、守公德、严私德，其才方能用得其所。要立志报效祖国、服务人民，这是大德，养大德者方可成大业。要从做好小事、管好小节开始起步，踏踏实实修好公德、私德。

3. 明辨

要增强自己的价值判断力和道德责任感，自觉做到常修善德、常怀善念、常做善举。

要正视价值观选择和道德责任感，旗帜鲜明地弘扬真善美、贬斥假丑恶，树立正确导向，澄清模糊认识，匡正失范行为，形成激浊扬清、抑恶扬善的思想道德舆论。

要自觉做良好道德风尚的建设者、社会文明进步的推动者。

4. 笃实

"天下难事必作于易；天下大事，必作于细。"（《道德经》）

青年有着大好机遇，关键是要迈稳步子、夯实根基、久久为功。

青年要把艰苦环境作为磨炼自己的机遇，把小事当作大事干，一步一个脚印往前走。

请观看视频：《习近平"五四"寄语青年》。

【思考与讨论】

1. 中国当前为什么要在全社会培育和践行社会主义核心价值观？意义何在？

2. 社会主义核心价值观的主要内容是什么？

3. 请联系实际来谈谈为什么要增强价值观自信。

4. 你认为青年学生应当如何自觉践行社会主义核心价值观？

【阅读文献】

1. 中共中央办公厅. 关于培育和践行社会主义核心价值观的意见 [M].

北京：人民出版社，2013.

  2. 中共中央办公厅、国务院办公厅. 关于进一步把社会主义核心价值观融入法治建设的指导意见［N］. 新华社 2016 – 12 – 25.

  3. 习近平. 培育和践行社会主义核心价值观［M］//习近平谈治国理政：第 1 卷. 北京：外文出版社，2018.

  4. 习近平. 青年要自觉践行社会主义核心价值观［M］//习近平谈治国理政：第 1 卷. 北京：外文出版社，2018.

  5. 习近平. 在北京大学师生座谈会上的讲话［M］. 北京：人民出版社，2018.

  6. 本书编写组. 中国共产党第十八次全国代表大会文件汇编［M］. 北京：人民出版社，2012.

专题十二：德性之思
——如何理解道德的起源、本质和功能

【教学目的】 通过本专题学习，使学生正确理解道德起源、本质和功能，启迪道德思维方法，坚定道德自觉；引导学生正确理解道德的功能与作用，启迪学生的道德良知，提升学生对道德的认识水平。

【教学重点】 着重阐述道德的本质、特征及主要功能。

【教学难点】 从实践角度阐述道德的起源和本质，从分析道德的特征来深化对道德的本质的认识，启迪道德思维方法；正确理解道德的作用与道德的进步。

【教学方法】 采用线上线下混合式教学，以唯物史观为依据，从实践视角来说明道德的起源和发展依附性、局限性和道德发展规律，以典型案例和问题讨论来阐述道德的特征，以此来深化对道德本质的认识，掌握道德评价和道德思维的科学方法；同时理论联系实际来阐述道德的功能、作用以及道德的变化发展，尽量做到通俗易懂，深入浅出，做到理论性和实践性相统一，增强针对性和亲和力。

【教学元素】 案例、经典名言、经典问题、视频。

【课堂讲授】

同学们，难道人生下来德行就是好的，人性就是善的吗？或者说人生下来德行就是不好的，人性是恶的吗？很显然，这是唯心主义的道德观。道德是否能够自行发展？比如《思想道德修养与法律基础》（2018年版）的教材上就讲到了"道德及其变化发展"，而马克思、恩格斯却在《德意志意识形

态》里讲"它们没有历史,没有发展,而发展着自己的物质生产和物质交往的人们,在改变自己的这个现实的同时也改变着自己的思维和思维的产物"。你怎么看待这个问题?今天我们一起来探讨和学习道德究竟是怎样形成的,道德的真正起源及其发展变化的原动力是什么;为什么我们这个时代的人具备这样一些德行,有些低层次的德行为什么还有生命力,甚至提出要在人们的头脑中消灭那些落后于时代的道德观念,试问能做得到吗?比如商人的唯利是图的道德观念,我们社会主义初级阶段能够消灭吗?那究竟怎样才能在现实中加以消灭呢?同学们,我们的时代在进步,我们不能以当代人的道德苛求于古人的道德,我们也不能把自己的道德观念强加于别人。有的人确实做了一些有利于别人的事,但为什么得不到别人道义上的认可呢?换句话说道德究竟具备哪些基本特征呢?现实生活中讲道德有用吗?所有这些问题就是今天要探讨和学习的主题,即道德的起源、本质、特征及其功能和作用。

一、道德的起源

日常生活中,我们经常会听到"这人缺德""这人高尚"等充满道德判断的话语。那么,这些以"道德"之名的价值判断从何而来呢?道德的产生、发展经历了怎样的历程才得以最终成形?让我们先看下面这个故事。

(课程导入)1997年,广州一家公司举行公益活动,在全市的交通岗亭投放三万把雨伞,供市民在遭遇大雨时无偿使用。条件只有一个,即市民用完之后将雨伞在方便的时候交还给市内的任意一个岗亭。一个月以后,这家公司重新清点雨伞,发现全市岗亭回收的雨伞仅有六把。

显然,此情此景,无法不让人们对善恶标准展开大讨论。在人类社会发展的历史长河中,道德很多时候也是在这种相似的困境下不断产生、发展和完善,发挥着规范与调节人与人之间、人与社会之间关系的特殊作用。然而,要理解道德是什么,为何要有道德,就不得不首先追问:道德的起源究竟是什么?目前,主要有五种观点。

（一）神启论

神启论认为道德来源于神的启示和超自然力量的规定，是一种客观唯心主义。汉代董仲舒就有"王道之三纲可求于天""道之大源出于天"之说，将帝王的德行与上天的意志结合起来，把封建道德纲常神圣化、宗教化，认为触犯封建道德就是违反天意。孔子也认为"天生德于予"，把道德起源归于天。如出一辙的是，欧洲中世纪的人们认为道德起源于上帝，信奉上帝的宗教成了神启论的忠实践行者。比如基督教的"摩西十戒"、佛教的"五戒"，都将教规说成是上帝神明对人的启示，并成为信徒的道德戒律。奥古斯丁认为没有上帝的恩典，人就没有择善避恶的自由，只能在罪的奴役下，只有依靠上帝的恩典，人的意志才能摆脱罪的奴役，恢复真正的自由。[①]

（二）天赋论

天赋论认为道德是人先天所具有的禀赋，起源于人的善良的或邪恶的意志，是一种主观唯心主义。我们耳熟能详的有孟子的"性善说"，荀子的"性恶说"，以及"人性不善也不恶"，或是"既善也恶"等观点。但是不论善恶，都被认为是一种天赋；告子说"生之谓性，食色，性也"（《孟子·告子上》），孟子说："仁义礼智，非由外铄吾也，吾固有之也"，"人之性善也，犹水之就下也。人无有不善，水无有不下"。（《孟子·告子上》）"恻隐之心，人皆有之；羞恶之心，人皆有之；恭敬之心，人皆有之；是非之心，人皆有之。恻隐之心，仁也；羞恶之心，义也；恭敬之心，礼也；是非之心，智也。"（《孟子·告子上》）这些说的就是道德规范不是后来形成的，而是根源于人心，是先天固有的良知。德国近代哲学家费尔巴哈也认为，道德根源于人的"趋乐避苦"的天性，快乐的有益的是善，痛苦的有害的是恶，善良是从本性中产生的。

（三）庸俗进化论

庸俗进化论认为道德观念起源于动物的"社会"意识或互助性，是一种机械唯物主义。德国的思想家考茨基从动物的本能中寻找道德的根源，如

[①] 本书编写组. 西方哲学史 [M]. 北京：高等教育出版社，2011：132.

"合群""母爱"等,把人的道德看成是动物本能的演化。著名的案例《猴子的"德性"测验》就进行了这一方面的探索。

人们把五只猴子关在一个笼子里,上面有一串香蕉,实验人员装了一个自动装置,一旦侦测到有猴子要去拿香蕉,马上就会有水喷出,这五只猴子都会一身湿。经过几次尝试后,猴子们认识到:无论哪只猴子去拿香蕉,都会使其他猴子淋得一身湿,要"集体"制止去拿香蕉的举动。实验人员把原来的一只猴子释放,换进一只猴子A,猴子A见到香蕉立马去拿,结果被其他四只猴子狠揍了一顿。猴子A被打了几次后,还是没有拿到。实验人员又换一只新的猴子进去。结果所发生的情形都一样,无论哪只猴子进去拿香蕉都会挨打,最后香蕉还在那里。

(点评)从猴子的"德性"实验来看,它们的行为似乎具有道德的特征,比如制止猴子拿香蕉以防淋湿。其实不然,猴子的行为属于动物的本能,不具有道德意义,缺乏主体性和主动性。人也有本能,但是人能够意识到自己在干什么,怎么干,能不能干。

(四)感觉欲望论

感觉欲望论认为道德来源于人的自然本性的欲望,看似是人道主义,本质却是一种唯心主义。旧唯物主义者们反对从神出发,反对神道主义,主张从人出发,主张人道主义,认为道德的本质是人性的自然表现,是人的真实的、健康的"本性",而恶行、罪过只不过是人性的歪曲。这种观点使道德从虚幻的天国拉回到了世俗的人间,但他们所说的人的本性是抽象的人性,脱离了社会关系的永恒的人性,最多说是直观的"人性",因而最终与唯心主义殊途同归。

(五)马克思主义的道德起源说

道德既不是天生的,也不是永恒的。道德来自人,来自人的现实生活,人以外的动物是不存在道德关系的,即使是动物界存在"羊羔跪乳""乌鸦反哺"的现象,即小羊跪着吃奶,小乌鸦能反过来喂养老乌鸦,以报答所谓"父母"的养育之恩,也只是一种本能的自然现象,而不是社会现象,正如马克思所说:"动物不对任何东西产生'关系',而且根本没有'关系';对动物来说，它对他物的存在不是作为关系存在的。"①

  道德起源于人类社会生活的需要，因而道德是一种社会现象，不是自然现象，是社会关系的产物，不是自然界的本能状态，只有形成了人与人、人与社会之间的社会关系，才能产生道德。从本质上看，道德起源于调整人们之间各种利益关系的需要。同时，只有人类自劳动开始走出动物本能生存状态，学会劳动，劳动不仅使人类开始学会从自然界获取物质和能量，还带来了人们之间的交往以及交往过程中各种利益的矛盾，形成了人和人之间的各种关系，人们意识到自己作为社会成员与其他动物的根本区别，意识到自己与他人、与集体、与社会的不同的利益关系以及产生调解各种利益矛盾的迫切要求时，道德才能得以产生。

  道德的本质是什么？道德是现实生活中人们之间社会关系所决定的，是人们之间利益关系调整、规范和约束。做马车的老板，因为总是希望全世界的人都能富裕，都能买自己的马车，都能坐上自己的马车，由此而推断这个人的心地就是善良的；而做棺材的老板，因为总是从心理上希望这个世界每天都能够死人，这些死者的家属就都能购买棺材，由此而推断这种人的心地就一定坏的，这种对一个人行为的德性评价方法就是唯心的，恰恰相反，认为这两者都是因为追逐个人利益所导致的，这才是唯物主义的观点。良好的道德品质是在现实生活中养成的。比如家庭美德起源于家庭生活的需要，而且是在众多家庭中慢慢养成了一些有利于调整家庭成员之间关系的规范和原则而成就了各个家庭公认的美德；公共道德起源于公共生活的需要，因为在公共生活中需要大家维系公共秩序；职业道德起源于职业生活的需要，需要职业奉献、敬业精神和职业操守。再比如，今天我们所说到的网络道德，并不是人类一开始就有的社会现象，而是随着人类社会网络技术的发展和普及，起源于我们的虚拟生活和网络交往的需要。

  总之，人类最初的道德以风俗习惯等形式表现出来，比如少数民族的风

---

 ① 谭培文，等. 马克思主义经典著作选编与导读［M］. 北京：人民出版社，2005：59.

俗习惯、宗教信仰、族规、村规民约，随着社会生产力发展和社会生活的日益复杂化、多样化，打破了这种以血缘、氏族为基础的社会关系，特别是随着人类文明时代的开始，道德逐渐从风俗习惯中分化出来，成为一种相对独立的社会意识。

马克思主义认为，道德作为一种社会现象，属于社会上层建筑和社会意识形态的范畴，必须而且只能从人类的社会关系和社会生活本身去探讨道德的起源。

首先，道德萌发于人类早期劳动和简单的交往。在原始社会，自然条件恶劣，生产能力低下，人类以群体活动的方式来谋取物质生活资料，出现了劳动和交往，又促进了语言和思维的发展，为了协同劳动中的行动，彼此交流，保持群体内应有的秩序，进而产生道德的萌芽。

其次，道德形成于社会分工的出现和发展。随着生产的发展，出现了劳动分工，人们的自我意识增强，劳动者之间的联系和协作增多，矛盾随之产生，义务和权利之类的道德意识出现。

最后，私有制的产生、阶级的出现使道德成为一种独立的意识形态。在私有制的条件下，剥削阶级不再从事体力劳动而专门从事脑力劳动，他们从本阶级的利益出发，对社会现象进行集中和概括，形成较系统的道德原则和规范，最终使道德成为相对独立的意识形态。

当然，道德的起源远不止这些内容，它贯穿人类社会历史的全过程，观照着人类的萌芽、成长、反省和发展，血肉丰满，有兴趣的同学可以课后沿着今天的思想脉络进一步地进行学习。

二、道德的本质与特征

在人类思想史上，马克思主义道德理论第一次科学而全面地论述了道德的起源问题，为人们正确认识和理解道德的本质奠定了基础；道德是基于人类实践的需要，在本质上是用来调节在实践基础上形成的人与人、人与社会、人与自然之间关系的规范和原则的总和。那么，为什么一定时代是这些规范和原则，而不是别的呢？我们必须透过道德的现象和特征来分析道德的本质。

请看视频《男孩地铁车厢内呕吐 用纸擦干净以后下车》。

(一) 道德的本质

1. 道德的含义

道德是由一定的社会经济关系决定的，以善恶为评价方式，主要依靠社会舆论、传统习俗和内心信念来发挥作用的行为规范和原则的总和。

2. 道德的构成要素

(1) 道德的本质内容

道德是由社会经济基础所决定的一种社会意识形态；道德的产生、发展和变化，归根结底根源于社会经济关系。

(2) 道德是社会利益关系的特殊调节方式

道德是主要依靠社会舆论、传统习俗、内心信念来调节人与人、人与社会、人与自然以及人与自身之间关系的特殊的行为规范。

(3) 道德是一种实践精神

道德作为一种实践精神，是以善恶评价为主要方式来规范人们的行为，并通过人们的实践活动体现出来的社会意识。道德作为一种实践精神，是特殊的意识信念、行为准则、评价选择等方面的总和，是调节社会关系、发展个人品质、提高精神境界等活动的动力。

(二) 道德的特征

道德究竟具备哪些基本特征呢？下面我们通过对道德的特征的分析来进一步深化对道德的本质认识。

1. 道德的利他性

道德的前提就是或多或少对个人的利益做出牺牲。道德在调整利益关系中，要求个人做出必要的节制和牺牲。

在2020年新冠肺炎疫情防控的"大考"中，一批舍己为人、无私奉献的科学家、医生和护士向党和人民交出了一份满意的答卷。84岁的钟南山院士逆行武汉，义无反顾；73岁的李兰娟院士进入重症病房、挺身一线；武汉市金银潭医院张定宇院长，身患渐冻症，冲在一线，"我要用渐冻的生命，从病毒手里抢回更多的病人"；武汉大学张方舟副教授在关键时刻，勇挑重担，"我申请常驻留观察。"这些抗"疫"英雄不顾被感染的风险，毅然地奔赴抗"疫"一线争分夺秒地抢救病人，表现出了一种舍己为人、大爱无私的抗"疫"精神。

2003年衡阳衡州大厦发生"11·3"特大火灾，20名年轻消防战士，为抢救起火楼房的百姓的生命和财产而牺牲了自己年轻的生命。这些消防战士非常清楚地知道自己的生命的安危，因为一栋大楼被一场大火烧到一定程度，钢筋一定会融化，大楼一定会倒塌，这些年轻的消防战士明知有危险依然挺身而出，就是表现了一种无私无畏的牺牲精神。

亚里士多德说得好："善人为他的朋友和国家尽其所能，在必要时甚至献出生命。他抛弃财富、名誉和人们普遍争夺的利益，保持着自身的高尚。"[1]

让我们记住普列汉诺夫一句名言：道德"总是以或多或少的牺牲为前提"。[2]

2019年1月18日，23岁的消防战士孟鸣之因为救火壮烈牺牲，他三年时间共完成1500次救援。正是许许多多这样的普通消防战士在平凡岗位上演绎了一种以牺牲为前提的大爱精神，才换来了人民的生命与财产安全以及社会安宁。

英雄精神永不过时。习近平总书记在庆祝改革开放40周年大会上说过："一个有希望的民族不能没有英雄，一个有前途的国家不能没有先锋。"

请大家思考：怎样看待道德行为的风险？

（教师在线上发布此问题，同学们通过智慧工具来进行交流和讨论，现场抽取3名学生分享自己的看法）

---

[1] 本书编写组. 西方哲学史 [M]. 北京：高等教育出版社，2011：87.
[2] 周惠恒，唐建华. 大学生思想道德修养 [M]. 长沙：中南工业大学出版社，1995：174.

从道德的前提看，就是道德主体要对道德客体做出一定程度的牺牲，有时候甚至要付出代价，即道德行为的风险，比如南京街上老人倒在地上，无人问津，小悦悦事件至今让人记忆犹新。但是这并不是说因为道德行为存在风险，而让人退却，恰恰需要更多的人敢于牺牲维护道义。比如谭嗣同维新变法，他完全可以逃脱却选择走上刑场。苏格拉底坚持法律的公正和正义得罪了雅典民主派，他也有许多选择逃生的机会却为坚持正义而死。

2. 道德的自觉履行性

道德和法律都能规范人们的行为，但是法律主要是由国家机关制定并通过国家强制力来执行的，而道德主要是通过社会舆论、行为习惯和良心谴责来实现，虽然社会舆论带有外在的强制性，但是这种强制性与法律的强制性是不同的。道德是通过善恶评价等方式，属于良心驱动的自觉履行。

请看案例：当年媒体对张华救粪农的报道。

大学生张华为了救一个掏粪的老农而牺牲了自己年轻的生命，在社会上引起了广泛的社会反响。有人认为年轻的大学生张华救一个掏粪的老人不值当，但是张华在救老人的时候绝对没有去想值不值的问题，而是觉得如果不救老人自己会一辈子良心不安，出于良知自觉去救老人的。其实，张华救起的不仅仅是一条生命，更是一种社会道义。道德是人们的一种内在自觉的精神需要。正如苏格拉底所说"德性就是知识""无人有意作恶。"[①]

请大家观看视频《坚信爱会赢》——献给抗击疫情的所有志愿者。

3. 道德的评价他律性

一个人的行为是否符合道德要求，不是由自己去评价，而是由他人和社会来评价；评价别人的行为是否道德，也不能依据个人的道德标准进行评价，必须是依据社会标准、传统习俗来进行评价。

请大家思考：由校团委组织的学雷锋活动是否属于道德行为？

（教师课前在线上发布此问题，同学们课中带着问题进课堂，相互交流和分享）

---

① 本书编写组. 西方哲学史 [M]. 北京：高等教育出版社，2011：48.

（教师点评）学雷锋活动要区别不同情况来对待，不能一概而论。如果有的人纯粹是由团委组织要求去学雷锋的，即便这件事情很有意义，而且该生也没有到处炫耀自己的行为，但这是迫于面上的组织进步而去的，不属于自觉自愿的，就不属于道德层面的行为。如果有的人自觉自愿报名去做了一些有利于别人的好事，而且也没有要求对这件事进行统计上报，更没有要求组织或个人对此进行报道，后面这一切都是组织上去统计上报和进行宣传报道的，这个学生学雷锋活动哪怕是团委组织的也属于道德层面的行为。

请看案例：世界上著名戏剧家萧伯纳失德的故事。

英国著名戏剧家萧伯纳一天到苏联访问，在莫斯科大街上遇到了一位小姑娘，同她玩了一个下午，双方很开心，临走前，萧伯纳望着小姑娘说道："别忘了回去告诉你妈妈，就说今天同你玩的是世界有名的萧伯纳。"小姑娘瞪大眼睛诧异地看着萧伯纳，郑重其事地回敬道："萧伯伯你回去别忘了告诉你妈妈，今天同你玩的是苏联的一位小姑娘。"

再请看案例：汉朝清官杨慎清廉之德的故事。

汉朝有个大官叫杨慎，为官正直清廉，曾经举荐提拔了一个能力很强而且品行端正的人做了官，此人特别感激，事后给他送了十金，面对诱惑杨慎当场就拒收了。但是后来这事传出去了，民间谣言指责其炫耀，杨慎为此背负了 1000 多年的恶名，后来一直到大清国有个学者专门考证了此事，结果发现，汉朝这位大官杨慎自己对这事并没有宣扬，而是其奴婢偷偷地听见了把此事讲出去，流落到民间。"慎独"就是对此事的考证。

当官既不收礼而且不炫耀，体现了官有官德，但是为官的自己宣扬此事，就是不道德。所以，廉政不仅仅是一种态度，而且是一种能力。

请看案例：周总理逝世，联合国下半旗致哀。

1976 年周恩来总理因病逝世，联合国下半旗致哀，许多国家的外交官员对此抱怨声一片。时任联合国秘书长瓦尔德海姆在总部大厦前的台阶上发表了仅仅一分钟的演说："为了悼念周恩来，联合国下半旗是我决定的。原因有二。第一，中国是个文明古国，她的金银财宝多得不计其数，她使用的人民币多得让我们数不过来，可是，她的总理却没有一分钱存款。第二，中国有将近十亿人口，占世界人口的四分之一，可她的总理周恩来没有一个孩子。你们任何国家的元首和首脑如能做到其中任何一条，在他逝世之日，总部照样为他下半旗。"瓦尔德海秘书长讲话时全场鸦雀无声，当他走下讲台离开时全场响起了一片掌声。

周恩来一生不为名不为利，为中国人民的解放和新中国建设甚至世界和平与发展事业奋斗终生。这种行为和精神获得了瓦尔德海姆等人的认可和肯定。

4. 道德的历史性

迄今为止，人类社会先后经历了五种基本社会形态，与此相适应，出现了道德发展的五种历史类型，即原始社会的道德、奴隶社会的道德、封建社会的道德、资本主义社会的道德、社会主义社会的道德。在社会主义社会，有一部分先进分子，还身体力行共产主义道德。

（1）原始社会道德

维护氏族公社和部落的共同利益；

共同劳动、相互帮助、勇敢刚强、吃苦耐劳；

维护氏族内的自由、平等；

氏族部落道德的朴素性、狭隘性、外在性和权威性。

（2）奴隶社会道德

奴隶主道德与奴隶道德是根本对立的；

奴隶社会的道德在表现形式上较原始社会有很大的进步，使其成为独立的社会意识形态；

奴隶社会道德的调节范围和内容日益多样化、复杂化。

（3）封建社会道德

维护封建的宗法等级关系，是封建社会道德最突出的特征；

确立了道德准则体系，以维护封建宗法等级关系；

具有明显的政治化、规范化、理论化和宗教化的特点。

（4）资本主义社会道德

个人主义和利己主义是资产阶级道德最基本的准则；

"自由、平等、博爱"是资产阶级处理人与人之间关系的道德规范；
拜金主义、金钱万能是资产阶级道德主要的价值观念。

金子！黄黄的，光闪闪的；只要有一点点，就可以使黑变成白，使丑变成美，使错变成对，使懦夫变成英雄，使老朽变得朝气蓬勃。
——威廉·莎士比亚

资本害怕没有利润或利润太少，就像自然界害怕真空一样。一旦有适当的利润，资本就胆大起来。如果有10%的利润，它就保证到处被使用；有20%的利润，它就活跃起来；有50%的利润，它就铤而走险；为了100%的利润，它就敢践踏一切人间法律；有300%的利润，它就敢犯任何罪行，甚至冒绞首的危险。
——马克思

（5）社会主义道德
以为人民服务为核心；
以集体主义为道德原则；
以推翻资本统治，消除私有制和私有观念，建立和发展生产资料公有制，最终实现共产主义为奋斗目标；
人与人之间的关系是团结互助、平等友爱、共同进步。

5. 道德的阶级性

在阶级社会中，道德总是体现阶级的利益，具有阶级性。恩格斯指出："一切以往的道德归根到底是社会经济状况的产物。而社会直到现在还是在阶级对立中运动的，所以道德始终是阶级的道德；它或者为统治阶级的统治和利益辩护，或者当被压迫阶级变得足够强大时，代表被压迫者对这个统治的反抗和他们的未来利益。"①

6. 道德的层次性

社会主义社会的道德目前呈现为五个层次性：

第一，大公无私即共产主义道德。毫不利己专门利人。

第二，先公后私。在维护集体利益的前提下，去谋求个人的正当利益。

第三，公私兼顾。在利己的同时不去损害社会和他人的利益。

第四，先私后公。逢事多为自己打算，少为别人考虑，注重个人名利。

第五，损公肥私，损人利己。为达到个人目的，可以不择手段，唯利是图，唯财是命，损人利己，以权谋私，搞权钱交易，严重违反各种社会规范，这是极端的个人主义。

新时代的大学生至少要做到公私兼顾，鼓励大学生向更高的先公后私和大公无私的道德目标迈进。

三、道德的功能与作用

同学们是否还记得，2018年10月28日，一女乘客在重庆公交车上与司机发生争吵，致使公交车坠江，车上15位乘客无一人幸免，全部遇难。

现在请同学们观看视频：《2018年重庆"10·28"公交坠江案》。

请大家现场讨论：讲道德是小事，可有可无吗？

（安排3个学生现场分享感想）

正如大家刚才所讨论的，一个德行，生命攸关。一个道德高尚的人，可以令千百万人敬仰，激励无数人效仿，就如雷锋同志一样一直活在人民的心中；而不讲道德的人，可以令数以百计的人丧生，2018年重庆"10·28"公交惨案15人死亡就是血的教训。

---

① 马克思，恩格斯. 马克思恩格斯选集：第3卷[M]. 北京：人民出版社，1972：134.

(一) 道德的功能

1. 道德的功能的概念

一般是指道德作为社会意识的特殊形式对于社会发展所具有的功效和能力。道德来源于社会生活，同时对社会生活具有反作用。社会生活在本质上是实践的，道德对社会发展具有特殊的功效与能力具体体现在对人们的实践活动具有的功效与能力。

请看案例："感动中国"白方礼。

2012年，在感动中国的颁奖典礼上，白方礼老人以草根助学的代表成了特别奖的获奖者之一。在晚会上，主持人对老人评价道："在《感动中国》走过10年的时候，请接受我们的特别敬意，白方礼们！让我们传递着鲜花，传递着温暖，带着白方礼们给我们的这种人间的温度，走进新的春天。在这新的一年当中，我们已经行走了一段时间，急匆匆的脚步里面，我们留给世界的不能只是背影，还应该有我们的期待，为了爱和幸福，让我们为每一个人加油！"

白方礼老人无私资助学生，给学生们捐赠的35万元善款中的每一分钱，都是自己一脚高一脚低地踩出来的，是他每日不分早晚，栉风沐雨，用淌下的一滴滴汗水积攒出来的，来之不易，来得艰辛！照常理，像他这样的古稀老人不仅无须再为别人做什么，倒是完全可以接受别人的关心和照顾。可他没有，不仅丝毫没有，还把自己仅有的能为别人闪耀的一截残烛全部点燃，并且燃烧得如此明亮，如此辉煌！白方礼老人虽然离开了人世，但是白方礼老人生前的一些肺腑之言，蕴含着挚爱："我这样一大把年岁的人，又不识字，没啥能耐可以为国家做贡献了，可我捐助的大学生就不一样了，他们有文化，懂科学，说不定以后出几个人才，那对国家贡献多大。你们花我白爷爷一个卖大苦力的人的钱确实不容易，我是一脚一脚蹬出来的呀，可你们只要好好学习，朝好的方向走，就不要为钱发愁。有我白爷爷一天在蹬三轮，就有你们娃儿上学念书和吃饭的钱。"让我们再次向白方礼们表达最真诚的敬意！

（教师点评）道德的力量也是无穷的。白方礼老人的事迹感动了社会，引导人们奉献、向善，对社会起到了良好的示范作用。新时代的大学生更要积极投身崇德向善的道德实践，激励自己崇德向善、见贤思齐，弘扬真善美，传播正能量。

2. 道德的主要功能

（1）道德的认识功能

道德的认识功能是指道德反映社会关系特别是反映社会经济关系的功效与能力。道德不能自行独立发展，也就没有自身独立发展的历史，但是道德是对社会关系的反映，这种依附于社会生活的反映功能，就是道德的认识功能。一定时期的道德认知，可以反映出这个特定时代的生产方式及其社会关系。道德认识是人们进行道德选择和履行道德行为的认知基础，人们正是在明辨善恶的基础上，正确选择自己的道德行为，塑造自己的善良的道德品质。

（2）道德的规范功能

道德的规范功能是指在正确善恶观的指引下，规范社会成员在社会公共领域、职业领域、家庭领域的行为，并规范个人品德的养成，引导并促进人们崇德向善。道德从一定程度上具有趋善避恶的引导与规范的功效。

请看案例：让美德占据心灵。

一位哲学家带着他的弟子坐在郊外的一片旷野里，哲学家问身边的弟子该如何除去周围长满的杂草，弟子们很惊讶，没想到一直探讨人生奥妙的哲学家，最后一课竟会问这么简单的问题。于是，他们给了各种答案，有人说用铲子就够了，有人说用火烧，有人说把根挖出来。哲学家听完后，站起身说："课就上到这里，你们回去后，用各自的方法除草，没除掉的，一年后再来除草。"一年后，他们都来了，不过原来相聚的地方不再杂草丛生，而是变成了一片长满谷子的庄稼地。弟子围着谷子地坐下，等待着哲学家的到来，可哲学家始终没来。几十年后，哲学家去世，弟子们在整理他的言论时，补上了一章：要想除掉旷野里的杂草，办法只有一个，就是在上面种庄稼。同样，要想灵魂无纷扰，唯一的办法就是用美德去占据它。

（3）道德的调节功能

道德的调节功能是指道德通过评价等方式，指导和纠正人们的行为和实践活动，协调社会关系和人际关系的功效与能力。道德具有调节人与人、人与社会、人与自然之间关系的能力。半部论语治天下，就是说明了以德治国的功效。一个雷锋，是世世代代青年的学习榜样，学雷锋，就是学习雷锋的品格，这种品德规范了多少人的行为。2020年，在新冠肺炎疫情防控过程中，涌现出无数的凡人英雄，以血肉之躯抗击着疫魔，自觉地践行雷锋精神。

（二）道德的作用

1. 道德的作用的含义

道德的作用是指道德的认识、规范、调节、激励、导向、教育等功能的发挥和实现所产生的社会影响及实际效果。

请看案例：10秒钟惊险——显示出道德的力量。

很久以前，德国一家电视台推出了高薪征集"10秒钟惊险镜头"的活动。许多新闻工作者为此趋之若鹜，征集活动一时成为人们关注的焦点。在诸多参赛作品中，一个名叫"卧倒"的镜头以绝对的优势夺得了冠军。拍摄这10秒钟镜头的作者是一个名不见经传刚刚踏入工作岗位的年轻人，而其他参赛选手多是一些圈内很有名气的大家。所以，这个10秒钟的镜头一时引起轰动。对于这个作品，每个人都渴望一睹为快。几个星期以后，获奖作品在电视的强档栏目中播出。那天晚上，很多人坐在电视机前看了这组镜头，最初是等待、好奇或者议论纷纷，20秒钟以后，每一双眼睛里都是泪水。可以毫不夸张地说，德国在那10秒钟后足足肃静了10分钟。镜头是这样的：在一个小火车站，一个扳道工正走向自己的岗位，去为一列徐徐开来的火车扳道岔。这时在铁轨的另一头，还有一列火车从相反的方向驶近车站。假如他不及时扳道岔，两列火车必定相撞，造成不可估量的损失。这时他无意中回头一看，发现自己的儿子正在铁轨那一端玩耍，而那列开始进站的火车就行驶在那条铁轨上。抢救儿子还是避免一场灾难？他可以选择的时间太少了。那一刻，他威严地朝儿子喊了一声："卧倒！"同时，冲过去扳动了道岔。一眨眼的工夫，这列火车进入了预定的轨道。

那一边，火车也呼啸而过。车上的旅客丝毫不知道，他们刚刚命悬一线,他们也丝毫不知道,一个小生命卧倒在火车轰鸣着驶过的铁轨边上,丝毫未伤。那一幕刚好被一个从此经过的记者摄入镜头中。人们猜测,那个扳道工一定是一个非常优秀的人。后来人们才渐渐地知道,那个扳道工是一个普普通通的人。许多记者在采访中了解到,他唯一的优点就是忠于职守,从不迟到、旷工或误过一分钟。这个消息几乎震住了每一个人,而更让人意想不到的是,他的儿子是一个弱智儿童。他告诉记者,他曾一遍又一遍地告诫儿子说:"你长大以后能干的工作太少了,你必须有一样是出色的。"儿子听不懂父亲的话,依然傻乎乎的,但在千钧一发的那一秒钟,他却"卧倒"了——这是他在跟父亲玩打仗游戏时唯一听懂并做得出色的动作。

一个父亲对智障儿子的不离不弃最终成就了这样一个美好的结局,同时也使得他在忠诚职业和救护亲人的抉择面前实现了两全其美。

这个牵动人心的事件从发生到结束虽然只有短短的10秒钟,但呈现出了一副生动而真实的展示道德力量的生活场景。

恩格斯说过:"自从阶级对立产生以来,正是人的恶劣的情欲——贪欲和权势欲成了历史发展的杠杆。"

2. 道德的作用的主要表现

道德能够为经济基础的形成、巩固和发展服务,是一种重要的精神力量;道德对其他社会意识形态的存在有着重大的影响;道德通过调整人们之间的关系维护社会秩序和稳定;道德是提高人的精神境界、促进人的自我完善、推动人的全面发展的内在动力;在阶级社会中,道德是调节阶级矛盾和开展阶级斗争的重要工具。

3. 关于道德的作用的"两种错误观点"

(1)"道德万能论"

片面夸大道德的作用,认为道德决定一切、高于一切、支配一切,只要道德水平高,一切社会问题都可以迎刃而解。

这种观点的根本错误在于,颠倒了社会存在和社会意识、经济基础同上层建筑之间的决定与被决定的关系,否定了物质资料的生产方式在社会发展中的决定作用。

(2)"道德无用论"

根本否认道德的作用，或者通过强调非道德因素的作用来否定道德的积极作用，或者通过强调道德的消极因素来否定道德的积极作用。

这种观点的根本错误在于，忽视了道德作为上层建筑的重要组成部分，一方面由经济基础所决定，另一方面对经济基础和生产力发展有一定的反作用。片面强调其消极方面，或者从根本上忽视其积极方面的存在，必然不利于道德作用的发挥。

4. 道德的作用的历史性

道德发挥作用的性质与社会发展的不同历史阶段相联系，由道德所反映的经济基础、代表的阶级利益所决定。只有反映先进生产力发展要求和进步阶级利益的道德，才会对社会的发展和人的素质的提高产生积极的推动作用，否则，就不利于甚至阻碍社会的发展和人的素质的提高。

四、道德的变化发展

(一) 人类道德的发展是一个曲折上升的历史过程

道德发展的总趋势是向上的、前进的。道德经历过原始社会的道德、奴隶社会的道德、封建社会的道德、资本主义社会的道德、社会主义社会的道德。

社会主义和共产主义道德，是人类道德合乎规律发展的必然产物，是人类道德发展史上的一种崭新类型的道德，是对人类道德传统的批判与继承，并必然随着社会的进步和实践的发展而与时俱进。

(二) 道德进步的主要表现

道德在社会生活中所起的作用越来越重要，对于促进社会和谐与人的全面自由发展的作用越来越突出。道德调控的范围不断扩大，调控的手段或方式不断丰富，更加科学合理。道德的发展和进步也成为衡量社会文明程度的重要尺度。

【思考与讨论】

1. 怎样从实践的视角来阐述道德的起源与本质?
2. 请结合实际,谈谈道德应具备哪些特征。
3. 你认为新时代大学生应该朝着什么样的道德目标迈进?
4. 道德的功能和作用是什么?
5. 如何理解道德的变化发展?

【阅读文献】

1. 习近平. 在庆祝改革开放 40 周年大会上的讲话 [N]. 光明日报, 2018-12-19.
2. 本书编写组. 西方哲学史 [M]. 北京:高等教育出版社, 2011.
3. 牟宗三. 生命的学问 [M]. 桂林:广西师范大学出版社, 2005.
4. 陈若松. 马克思主义经典著作选读 [M]. 长春:吉林人民出版社, 2016.

专题十三：传鉴之道
——如何吸收借鉴优秀道德成果

【教学目的】通过本专题学习，引导学生正确理解推进社会主义道德建设必须传承中华传统美德、发扬革命道德和借鉴人类文明优秀道德成果，坚定道德自信。

【教学重点】正确理解中华传统美德及中国革命道德的主要内涵。

【教学难点】引导学生坚持对中华民族传统美德的创造性转化和创新性发展、对中国革命道德继承与发扬、对国外一切优秀道德成果的海纳百川与兼容并蓄，使之融入社会主义道德建设之中。

【教学方法】采用线上线下混合式教学法，讲授法、案例分析法、讨论法和多媒体教学。

【教学元素】经典名言和案例。

【课堂讲授】

中国特色社会主义道德具有巨大的包容性，能够吸收借鉴一切优秀道德成果，既坚持对中华传统美德的创造性转化和创新性发展以及对革命道德的发扬光大，同时又能够吸收和借鉴人类文明一切道德成果，海纳百川，兼容并蓄。正是这种博大精深的道德文化滋养和开放包容的文化品质，推进了新时代中国特色社会主义道德建设，使社会主义道德找到了生存扎根的土壤。正是因为在社会主义市场经济条件下继续坚持社会主义道德的核心和原则，才能使中国特色社会主义道德沿着正确的方向前进，永葆生机和活力。

一、传承中华传统美德

请同学们线上观看一段视频:《跪孔子、诵经典,学"过"了的"国学"?》。

请同学们就当前文化复兴中的"尊孔读经"现象谈谈个人的看法。

(同学们通过智慧工具来进行发帖讨论,现场分享和交流)

中华民族伟大复兴,如果离开对中华传统美德的继承和弘扬,就会失去历史的基础而难以推进。习近平总书记指出:"今天,中华民族要继续前进,就必须根据时代条件,继承和弘扬我们的民族精神、我们民族的优秀文化,特别是包含其中的传统美德。"[1]

罗素90多年前高度评价中国的传统文化:"中国与其说是一个政治实体,不如说是一个文明实体,一个唯一幸存至今的文明。……佛教没有把中国人变成印度人,西方科学也不会把中国人变成欧洲人。"[2]

新加坡前任总理李光耀先生在1994年中国北京纪念孔子诞辰2445周年学术研讨会上深有感触地说:"从治理新加坡的经验,特别是1959年至1964年那段艰辛的日子,使我深深地相信,要不是新加坡大部分人民都受过儒家价值观的熏陶,我们是无法克服那些困难和挫折的。……40年的治国经验,使我相信,道德价值和规范对于建设一个健全、稳定的社会来说,是非常重要的。"[3]

(一) 中华传统美德的基本精神

中华传统美德内容丰富、博大精深,是人类文明发展的重要精神财富,是社会主义道德建设的源头活水。

---

[1] 习近平. 从小积极培育和践行社会主义核心价值观 [N]. 人民日报, 2014-05-31.
[2] 沈益洪. 罗素谈中国 [M]. 杭州: 浙江文艺出版社, 2001.
[3] 顾士龙, 陈建华. 思想道德修养 [M]. 2版. 上海: 同济大学出版社, 1996: 19.

1. 重视整体利益，强调责任奉献

中华传统美德始终重视整体利益，强调对民族、国家的责任担当和奉献精神。"公义胜私欲"是中华传统美德的根本要求，主张克己奉公、"先义后利""义然后取"。

《诗经》曰："夙夜在公。"《尚书》曰："以公灭私，民其允怀。"贾谊的《治安策》记载："国而忘家、公而忘私。"范仲淹说："先天下之忧而忧，后天下之乐而乐。"文天祥说："人生自古谁无死，留取丹心照汗青。"顾炎武说："天下兴亡，匹夫有责。"林则徐说："苟利国家生死以，岂因祸福避趋之。"

当年，南开大学张伯苓校长对南开学子有三问："你是中国人吗？你爱中国吗？你愿意中国好吗？"2019年1月17日习近平总书记寄语南开师生："只有把小我融入大我，才会有海一样的胸怀，山一样的崇高。"都是强调青年学生要有对国家和民族的责任担当。

2. 推崇"仁爱"原则，注重以和为贵。

推崇仁爱、崇尚和谐是中华民族传统的美德。

孔子强调："己所不欲，勿施于人"，（《论语·颜渊》）"己欲立而立人，己欲达而达人"（《论语·雍也》）。樊迟问仁，子曰："爱人。"孟子说："亲亲而仁民，仁民而爱物"（《孟子·尽心章句上》），"仁者爱人"。荀子说："仁者自爱。"（《荀子·子道》）韩愈说："博爱之谓仁。"朱熹说，仁是"爱之理，心之德"。张载的《西铭》记载："民吾同胞，物吾与也。"

请看案例："六尺巷"的故事。

清朝大学士张英，张家与吴家（吴家官拜安庆州知府），因为争夺府邸之间一块空地将官司打到了县衙门，但是县官都不敢得罪，难以断案。张家人飞书京城把这件事告诉了张英，张英见信后只是释然一笑，大笔一挥："千里家书只为墙，让他三尺又何妨。长城万里今犹在，不见当年秦始皇。"张家人接此书信立即将垣墙拆让三尺，吴家感动得热泪盈眶，也把围墙向后退三尺，两家之间空出了一条"六尺宽"的巷子，赢得了世人的称赞。"六尺巷"的故事诠释了中国古代士大夫的高风亮节，以宽容礼让来化解矛盾。

从仁爱精神出发,古人主张"和为贵"。和不是盲目地附和,而是和而不同。五味相和,乃成美味;五色相和,方成文采;五音相和,音律优美。"声一无听","物一无文","果一无味"。《国语·郑语》:"夫和实生物,同则不继。"《论语·子路》:"君子和而不同,小人同而不和。"墨子说:"兼相爱,交相利。"正如英国哲学家罗素所说。"如果世界上有'骄傲到不肯打仗'的民族,那么这个民族就是中国。中国人天生的态度就是宽容和友好,以礼待人并希望得到回报。假如中国人愿意的话,他们的国家是最强大的国家。但他们希望的只是自由而不是支配。"[①]

3. 提倡人伦价值,重视道德义务

《尚书、舜典》提出"五教":"父义""母慈""兄友""弟恭""子孝"。孟子提出"五伦":"父子有亲、君臣有义、夫妇有别、长幼有序、朋友有信"。董仲舒提出"仁、义、礼、智、信"。宋代洪迈说:"忠、孝、节、义。"这些就是强调人伦价值的意义,不断强化道德责任。

请看案例:女大学生发帖卖身救母。

2005年9月16日,西南大学一名女大学生在天涯论坛上发"卖身帖":《希望好心人可以救救我妈妈!我愿意付出一切代价》。帖子说:"我多么希望有好心人能救救我妈妈……可以以任何形式或者甘愿毕业后无条件为他或她打工,我保证我的自身条件是相当好的。"她的确是个长相甜美的女孩,她的父亲9年前因患重症肝炎去世,母亲因肝病把泸州住房卖掉,东拼西凑30多万元进行了肝移植手术。但病情并未好转。医生建议尽快进行第二次肝移植手术,但首期需要三四十万元的手术费。截止到当天晚上九点半,"卖身帖"浏览人数达到3460多人次,回帖达327条。

(教师点评)中国传统伦理思想崇尚人伦价值,强调承担道德义务。

4. 追求精神境界,向往理想人格

人之所以不同于动物,是因为人能够本着"仁义"行事。古人云:"修身、齐家、治国、平天下","君子谋道不谋食","君子忧道不忧贫"。孔子

[①] 李任同. 中华民族精神的实质及作用 [N]. 光明日报, 2003-11-18.

认为圣人是理想中的人,有操守的君子是现实中的人。君子的"成仁"正是"成圣"的内在精神。荀子认为:"人有气、有生、有知、亦且有义,最为天下贵也。"孟子认为:"万物莫不遵道而贵德。"

2020年抗"疫"志愿者赵鹏飞,从辽宁到湖北,跨越半个中国,与当代雷锋郭明义爱心团队的一支小分队一起组织6辆客运大巴,装了30吨大米、10吨鸭蛋,历经了30多个小时的长途跋涉,将这些物资先后送到了武汉雷神山医院、武昌方舱医院。真的是平凡中见伟大,"再苦也值得""我们就想多尽一份力,给医生、护士和患者们补充点营养"。这正是中华民族传统美德崇尚"仁义"行事的具体体现。

5. 强调道德修养,注重道德践履

古代先贤认为修身养性,重在践履,贵在坚持。为仁由己,仁德并不遥远。

孔子说:"吾日三省吾身。"荀子认为:"道虽迩,不行不至;事虽小,不为不成。"习近平总书记指出:党员干部要"坚持照镜子、正衣冠、洗洗澡、治治病"。

请看案例:南京大学一封学生家长的公开信:"孩子,为何你只知伸手要钱?"

重庆工商大学曾组织新生开展一堂生动的算术课即每位新生算一算自己每天的花销,有的新生开学不到一个月竟高达2万元以上。

(教师点评)大学生践行道义,必须身体力行,从身边做起,从小事做起。

(二)中华传统美德的当代价值

在长期的历史发展中,中华传统美德已经深入全民族的思维方式、价值观念、行为方式和风俗习惯之中,具有重要的当代价值。它能够为当今治国理政提供有益的启示;能够为当今我们的道德建设和解决当代人类道德难题提供有益的启示;能够为新时代大学生个人健康成长提供宝贵的精神营养。

(三)中华传统美德的创造性转化和创新性发展

中国传统道德是一个矛盾体,具有鲜明的两重性。既有精华、积极、革新、进步的一面,又有糟粕、消极、保守、落后的一面。我们要加强对中华传统美德的挖掘和阐发,努力推动中华传统美德的创造性转化和创新性发展。按照"三个是否有利于",即是否有利于推动中国特色社会主义事业,是否有利于建设社会主义道德体系,是否有利于培育和践行社会主义核心价值观,用中华传统美德滋养社会主义道德建设。在对待传统道德的问题上,要反对两种错误思潮。一是复古论,认为道德建设的最终目标就是要恢复中国"固有文化",形成以中国传统文化为主体的道德体系。二是历史虚无论,认为中国传统道德从整体上来说在今天已经失去了价值和意义,必须从整体上予以全盘否定。我们既要反对复古论,又要反对历史虚无论。

二、发扬中国革命道德

推进社会主义道德建设,既要加强对中华民族传统美德的创造性转化和创新性发展,又要使中国革命道德发扬光大,同时借鉴人类一切文明成果为我所用,海纳百川,兼容并蓄。

中华道德文化凭什么如此自信?一是不忘本来,就是指对包含中国革命道德在内的中华传统美德的继承、创新、发扬光大;二是吸收外来,以构建人类命运共同体的世界胸怀,海纳和兼容人类一切道德文明成果;三是面向未来,牢固树立以解放全人类为己任的共产主义道德理想。

习近平总书记说过:"发展社会主义先进文化,不忘本来、吸收外来、面向未来,更好构筑中国精神、中国价值、中国力量,为人民提供精神指引。"[1]

(一)中国革命道德的形成与发展

在中国共产党领导人民进行革命、建设和改革的过程中,涌现出许多道

---

[1] 习近平.决胜全面建成小康社会夺取新时代中国特色社会主义伟大胜利[M].北京:人民出版社,2017:41.

德典范。他们具有高尚的思想道德，舍己为人，公而忘私，为革命、建设和改革做出了巨大贡献。

习近平说："现在，时代变了，条件变了，我们共产党人为之奋斗的理想和事业没有变。"①

请同学们网上观看电视剧《沙海老兵》并写一篇心得体会。

曾经那些中国红色革命经典故事、经典作品、经典电影、经典视频，都演绎着、记载着革命先烈的先进事迹，收藏着一代人金色的回忆，陪伴着一代人的青春岁月；追溯那些激情燃烧的岁月，今天大学生要矢志找回先辈们留下来的宝贵的革命精神财富，自觉继承和弘扬中国革命道德。

习近平高度重视革命传统教育，反复强调学传统、爱传统、讲传统，要让"红色基因代代传"！

请看视频《黄大年，以身许国，叩开地球之门》。

什么是中国革命道德？中国革命道德，是指中国共产党人、人民军队、一切先进分子和人民群众在中国革命、建设、改革中所形成的优秀道德，是马克思主义与中国革命、建设、改革的伟大实践相结合的产物，是中华民族极其宝贵的道德财富。

中国共产党始终高度重视继承和发扬革命道德传统。革命战争年代，形成了为中国革命事业抛头颅、洒热血的革命传统；改革开放时期，保持和发扬一股闯劲、韧劲和拼搏精神；新时代红色基因继续传承和发扬光大，成为开启新征程的强大动力。

中国革命道德作为一种精神力量，从它形成的时候起，就对中国的革命、建设、改革事业发挥着极其重要的作用。历史经验表明，中国革命道德传统是克服前进道路上一切困难的重要精神支柱，是战胜千难万险的重要力量源泉。

弘扬中国革命道德，要同弘扬中华传统美德相结合。中国革命道德继承

---

① 习近平. 参观纪念中国工农红军长征胜利80周年主题展览讲话[N]. 人民日报，2016-09-25.

了中国传统道德的精华，摒弃了传统道德的糟粕，是中国优良传统道德的继续和发展，是超越了中华民族传统美德的时代局限而形成的一种崭新的道德。

（二）中国革命道德的主要内容

为实现社会主义和共产主义理想而奋斗；

全心全意为人民服务；

始终把革命利益放在首位；

树立社会新风，建立新型人际关系；

修身自律，保持节操。

（三）中国革命道德的当代价值

有利于加强和巩固社会主义和共产主义的理想信念；

有利于培育和践行社会主义核心价值观；

有利于引导人们树立正确的道德观；

有利于培育良好的社会道德风尚。

三、借鉴人类文明优秀道德成果

文明因交流而多彩，文明因互鉴而丰富。"海不辞细流故能成其大，山不辞土石故能成其高。"每一个民族或国家都有自己优良的道德传统，都对促进道德的发展做出过不同程度的贡献。

"一花独放不是春，百放齐放春满园"。借鉴和吸收人类文明优秀道德成果，必须秉承正确的态度和科学的方法，既不能全盘西化，也不能盲目地排外。

坚持马克思主义的立场、观点和方法，坚持以我为主、为我所用的原则，在批判的基础上加以借鉴、吸收，剔除其糟粕，吸收其精华。

习近平总书记说过："文明是包容的，人类文明因包容才有交流互鉴的动力。海纳百川，有容乃大。人类创造的各种文明都是劳动和智慧的结晶。……历史告诉我们，只有交流互鉴，一种文明才能充满生命力。"①

【思考与讨论】

1. 道德的本质及其特征是什么？

2. 新时代大学生为什么要自觉地继承并弘扬中华传统美德？

3. 请联系实际，谈谈如何吸收借鉴古今中外优秀道德成果。

【阅读文献】

1. 毛泽东. 为人民服务［M］//毛泽东选集：第3卷. 北京：人民出版社，1991.

2. 邓小平. 坚持四项基本原则［M］//邓小平文选：第2卷. 北京：人民出版社，1994.

3. 江泽民. 在庆祝中国共产党成立八十周年大会上的讲话［M］. 北京：人民出版社，1994.

4. 胡锦涛. 在全国抗震救灾总结表彰大会上的讲话［M］. 北京：人民出版社，2008.

5. 习近平. 谈治国理政：第1卷［M］. 北京：外文出版社，2018：259.

---

① 习近平谈治国理政：第1卷［M］. 北京：外文出版社，2008：259.

专题十四：崇德向善
——大学生如何做到明大德守公德严私德

【教学目的】通过本专题学习，引导学生理解社会主义道德的核心和原则，掌握公共道德、职业道德、家庭美德和个人品德的概念及其基本规范，并引导学生自觉遵守这些基本道德规范；让学生明白高尚道德品格的形成，重在实践，贵在坚持，鼓励学生投身崇德尚善的道德实践，向道德模范学习、参与志愿服务活动和引领社会风尚，使大学生能够明白社会公德、职业道德和家庭美德最终都要落实到个人品德的养成上，必须掌握提升个人品德的正确方法。

【教学重点】重点引导学生理解社会主义道德的核心和原则，掌握公共道德、职业道德、家庭美德和个人品德的概念及其基本规范。

【教学难点】使学生明白高尚道德品格的形成，重在实践，贵在坚持；使大学生能够明白社会公德、职业道德和家庭美德最终都要落实到个人品德的养成上；掌握提升个人品德的正确方法，自觉地讲道德、尊道德和守道德。

【教学方法】采用线上线下混合式教学、学生讨论和案例教学。

【教学元素】经典名言、案例、习近平金句、图片、历史事件、歌曲、典故、诗歌、新闻报道。

一、坚守社会主义道德的核心与原则

（一）为人民服务是社会主义道德的核心

为什么说为人民服务是社会主义道德的核心呢？

（教师在线上发布此问题，同学们通过学习通来进行交流和讨论，现场抽取3名学生分享自己的看法）

1. 为人民服务是社会主义经济基础和人际关系的客观要求

社会主义与资本主义相比较，资本主义为资本服务，利润至上，而社会主义为人民服务，人民至上。

在社会主义社会里，每个劳动者和建设者都在为社会、为他人同时也为自己而劳动和工作。权利和义务不再分属于两个对立的阶级，而是统一于人民自己身上，每个人都是服务对象，又都为他人服务，全体人民通过社会分工和相互服务来实现共同利益。公有制为主体和按劳分配为主体是为人民服务的根本制度保障。

2. 为人民服务是社会主义市场经济健康发展的要求

为人民服务是否"过时"了？有人说在市场经济时代，大家都忙着挣钱，讲"为人民服务"有实际意义吗？社会主义市场经济不仅不排斥为社会和他人服务，而且需要通过服务甚至是优质服务来实现市场主体的利益。马克思说："（谁）要生产商品，他就不仅要生产使用价值，而且要为别人生产使用价值，即社会的使用价值。"[1]

一切市场经济活动都要健康有序规范性地开展，保护各自的市场利益和各自合法所得的利益；同时又促使市场主体把自身的特殊利益同国家和人民的共同利益结合起来。

---

[1] 马克思，恩格斯. 马克思恩格斯选集：第2卷［M］. 北京：人民出版社，1972：119.

1971年哈佛大学教授罗尔斯指出："自由市场的使用和生产资料私人占有之间没有本质的联系。在正常条件下，竞争价格是正当或公平的观点至少可以追溯到中世纪。虽然市场经济在某种意义上是最佳体系这一观念是由所谓资产阶级经济学家仔细考虑的，但自由市场与资产阶级的这种联系实属一种历史的偶然，因为至少从理论上说，一个社会主义政权本身也能利用这种体系的优点。"[1]

生产中的人本与非人本，直接体现着人的价值与尊严；商品交换体现着交往主体的道德自觉；经济分配直接检验着社会公平；消费态度最直接地展示着消费主体的人格特征。

一方面，市场经济能够增强人们的自立意识、竞争意识、效率意识和创新意识；另一方面，市场行为的趋利性容易引发拜金主义，市场行为的自发性容易引发人格缺陷。因此，既要发掘社会主义市场经济对道德进步的有利因素，又要克服其不利因素，促进社会主义市场经济与其道德建设有机结合。发展市场经济必须正确处理竞争和协作、自主和监督、效率和公平、先富与共富、经济效益和社会效益之间的关系。

3. 为人民服务是先进性要求和广泛性要求的统一

为人民服务只是属于党员干部的事吗？为人民服务可以通过不同层次、不同形式表现出来。毫不利己、专门利人，先公后私、公私兼顾，先人后己、顾全大局，遵纪守法、热爱祖国、诚实劳动，能够时时事事想到别人，都是为人民服务的具体体现。习近平总书记说："每个人的力量是有限的，但只要我们万众一心、众志成城，就没有克服不了的困难；每个人的工作时间是有限的，但全心全意为人民服务是无限的。"

雷锋在其1961年10月20日的日记中记载：人的生命是有限的，可是，为人民服务是无限的，我要把有限的生命，投入到无限的"为人民服务"之中去。

孟德维尔的"绝对自私说"：一个年轻人如果不去救一个落水儿童，年

---

[1] 罗尔斯. 正义论[M]. 何怀宏，等译. 北京：中国社会科学出版社，1988：272.

轻人是自私的，因为他害怕自己淹死；如果年轻人去救一个落水儿童，年轻人同样自私，因为只是儿童在水里挣扎着的痛苦让年轻人感到了痛苦，年轻人为了解除自己的痛苦就不得不去解除儿童的痛苦。因此，世界上没有无私的人，所谓善行，只是一种好看的罪恶而已。

为人民服务是社会主义道德区别和优越于其他社会形态道德的显著标志。

大学生践行为人民服务，就是要弘扬为人民服务的精神，尊重人、理解人、关心人，为人民、为社会多做好事、多做贡献。

（二）集体主义是社会主义道德的原则

集体主义强调国家利益、社会整体利益和个人利益的辩证统一，强调国家利益、社会整体利益高于个人利益，重视和保障个人的正当利益。

有人认为，现在的年轻人更加崇尚个性，更加注重自我的发展，对集体无兴趣。你认为呢？

习近平总书记说得好："一方面，个人离不开集体，集体把每个劳动者的智慧和力量凝聚在一起，形成巨大的创造力。另一方面，集体是由若干个人组成的，不调动个人的积极性，也就不会有集体的创造力。集体与个人，即'统'与'分'，是相互作用、相互依赖、互为前提的辩证统一关系。只有使二者有机地结合起来，才能使生产力保持旺盛的发展势头，偏废任何一方，都会造成巨大损失。"[1]

发展社会主义市场经济，为什么还需要集体主义？

社会主义市场经济倡导和保护个人正当合法利益，同时坚持集体主义，反对损人利己和损公肥私的行为；只有坚持集体主义，才能有助于克服市场自身的弱点和消极方面，有助于形成追求高尚、激励先进的良好社会风气，保证社会主义市场经济健康有序发展。

集体主义包括三个层次的道德要求。一是无私奉献、一心为公，这是集

---

[1] 习近平. 乡村集体经济在西藏扶贫工作中的关键作用 [N]. 光明日报, 2019 - 08 - 24.

体主义的最高层次，是共产党员、先进分子应努力达到的道德目标。二是先公后私、先人后己，这是已经具有较高社会主义道德觉悟的人能够达到的要求。三是顾全大局、遵纪守法、热爱祖国、诚实劳动，这是对公民最基本的道德要求。

皮之不存毛将焉附，大河有水小河满，大河无水小河干。当代大学生应正确认识和处理国家、集体、个人的利益关系。

二、公共道德、职业道德、家庭美德、个人品德

（一）公共道德

公共生活越来越多地走进我们的生活视野，公共生活的领域越来越宽，覆盖的地区越来越广阔，覆盖的人群越来越多，我们生活的幸福指数在很大程度上取决于我们的公共生活水平。

托尔斯泰说过："我们习惯于把道德上的教诲，当成非常迂腐无聊的东西，认为在这些当中，不可能会有新鲜有趣的事物。但是，在被人们认为与道德似乎没有什么关系的各种重要活动当中，包括政治的、科学的、艺术的、商业的活动等，人类生活的全部，渐渐地在发扬光大道德的真理，并逐渐地化道德的真理为简单明确的真理。除此之外，人类未抱有任何目标。"

请看公共场所的一些不雅图片的展示，作为新时代的大学生面对此情此景做何感想？

（现场通过智慧工具选人，请2个同学分享感想）

（教师点评）公共场所需要公共秩序，良好的公共秩序不仅体现了人们公共生活的质量，而且反映了人们的公共道德水平。

新疆霍城县兵团农四师61团场礼堂旧址，一座特大型墓地开放式主题教育公园：里面只有一个门楼，一堆土包，一座亭子，一圈围墙，却躺下了694条曾经活泼乱跳的生命。1977年2月18日，正在礼堂看电影的老百姓万万没有想到一场灾难已经悄悄降临，只因为小学生赵广辉在礼堂内点燃了一

个俗称"地老鼠"的花炮,致使房屋起火。因为疏散时混乱,人挤人、人踩人、靠门口的地方,尸体堆得有近一米多高,最终共计死亡694人、烧伤致残161人。由此可见,公共生活需要公共秩序,公共秩序需要用法律和公共道德来维护,而公共道德的力量在公共生活领域发挥越来越重要的作用。

1. 公共生活与公共秩序

(1) 公共生活的概念

什么是公共生活?私人生活往往是以家庭内部活动和个人活动为主要领域,包含和承载着个人的情感、个性、自由以及对生活的独特理解和表达。公共生活是相对于私人生活而言的,是人们在公共空间里发生相互联系、相互影响的共同生活。

(2) 公共生活的特征

与私人生活相比,公共生活有哪些主要特征呢?

(教师在线上发布此问题,同学们通过学习通来进行交流和讨论,现场抽取3名学生分享自己的看法)

活动范围具有广泛性:现实公共生活领域和空间不断扩大,网络使公共生活扩展到虚拟世界。

活动内容具有开放性:活动空间是透明的,活动内容是开放的,人人共同参与。

交往对象具有复杂性:交往的对象不再局限于熟悉的人,而是进入公共场所的任何人,增加了人际交往信息的不对称性和行为后果的不可预期性。

活动方式具有多样性:当代社会的发展使人们可以选择和变换参与公共生活的具体方式,可以多方面地发展。

(3) 公共生活需要公共道德规范来协调和约束

只有人人遵守社会公德,才能维持有序的公共生活,才能促进和谐社会、促进经济社会健康发展和提高社会成员公共生活质量,提高国家的现代文明程度。

2. 公共生活中的道德规范

公共生活中的道德规范,即公共道德,是指人们在社会交往和公共生活中应该遵守的行为准则，是维护公共利益、公共秩序、社会和谐稳定的起码的道德要求，涵盖了人与人之间、人与社会、人与自然之间的关系。

（1）文明礼貌

"一笑泯恩仇"，讲文明礼貌是调整和规范人际关系的行为准则。

（2）助人为乐

"赠人玫瑰，手有余香"，把帮助他人视为自己应做之事，既能帮助到别人，同时又能使自己获得快乐。

（3）爱护公物

"爱护公物，人人有责"，每个公民都应该珍惜和爱护社会共同劳动成果。

（4）保护环境

"绿水青山就是金山银山"，人类发展活动必须尊重自然、顺应自然、保护自然，否则就会遭受到大自然的报复。大学生必须身体力行，自觉践行绿色生产方式和生活方式。

（5）遵纪守法

自觉遵守国家各项法律制度，包括公共交往和公共生活的法律制度，这是维护公共生活秩序的重要条件。

3. 网络生活中的道德要求

习近平总书记说："网络空间天朗气清、生态良好，符合人民利益。网络空间乌烟瘴气、生态恶化，不符合人民利益。"

（1）正确使用网络工具

大学生应当正确使用网络，提高信息的获取能力，加强信息的辨识能力，增进信息的应用能力，使网络成为开阔视野、提高能力的重要工具。

(2) 健康地进行网络交往

大学生应通过网络开展健康有益的人际交往，积极参与网络文化的建设与管理，进行有利于个人身心健康和品德培养的网络交往。

(3) 自觉避免沉迷网络

大学生应当从自己的身心健康出发，合理安排上网时间，理性地对待网络。

请看案例：周某——一位四入名校三次退学的学生。

2006级新生周某的大学之路与一般人比较起来格外曲折。2001年考入武汉大学材料专业，次年被退学；2002年再次考入武汉大学化学学院，主动退学；2003年第三次参加高考，高分考进华中科技大学材料学院，2005年11月再次被退学；2006年第四次参加高考，重新考回华中科技大学材料学院，前三次退学，原因都是沉迷电脑游戏，未修满学分。

（教师点评）适度地上网对学习和生活是有益的，但长时间沉迷于网络不仅对人的身心健康有极大损害，而且导致耽误学业，应当学会理性地对待网络。

(4) 加强网络道德自律

大学生应当在网络生活中培养自律精神，做到自律而"不逾矩"，促进网络生活的健康与和谐。

(5) 积极引导网络舆论

对模糊认识要及时廓清，对怨气怨言要及时化解，对错误看法要及时引导和纠正，积极营造清朗网络空间。

(二) 职业道德

请同学们线上看视频：《大国工匠》。

（教师在线上发布问题：什么是职业道德？一起来通过学习通来进行交流和讨论，现场抽取3名学生分享自己的看法）

1. 职业生活和职业道德的概念与特征

(1) 职业的内涵与特征

职业是指人们由于社会分工所从事的具有专门业务和特定职责，并以此作为主要生活来源的社会活动，它呈现出 5 个特征：专业性、长期性与稳定性、时代性、多样化、认同性与普适性。

(2) 职业生活

职业生活则是指人们参与社会分工，用专业的技能和知识创造物质财富或精神财富，获取合理报酬，丰富社会物质生活或精神生活的生活方式。

(3) 劳动观念

劳动是人和动物相区别的根本标志。当今，劳动既是人的生存手段，又是人类的生存方式和生活需要。共产主义社会，劳动是人类社会生活的第一需要。正确的劳动观念是维系人们职业活动和职业生活的思想观念的保障。

习近平总书记说："劳动最光荣，劳动最崇高，劳动最伟大，劳动最美丽。"

当代劳模的先进事迹印证了在平凡的劳动中同样可以实现自己的人生价值。爱岗敬业、争创一流，艰苦奋斗、勇于创新，淡泊名利、甘于奉献的劳模精神，就是一笔无形的精神财富。

(4) 职业道德概念和特征

职业道德是指从事一定职业的人在职业生活中应当遵循的具有职业特征的道德要求和行为准则，它呈现出 3 个特征：鲜明的职业性、明确的规范性和调节的有限性。

请看案例：装一把心锁。

老锁匠技艺高超，可惜年事已高，为了不使技艺失传，他准备把手艺传给弟子。弟子甲、乙两人都异常聪明，老锁匠无法取舍，最后决定以一场考试来决定衣钵传人。考试内容就是让两个徒弟去打开两个相同的保险柜，谁用的时间最短就可能得到老锁匠的真传。徒弟甲轻而易举地打开了保险柜，乙也在极短的时间内打开了，但似乎稍逊于甲。老锁匠没有立即表态，若有所思地问徒弟们："保险柜里面有什么？"徒弟甲兴奋地说："里面全是钞票，一百元一张的。"徒弟乙支吾了半天，才木讷地说："你只让我开锁，所以没有看里面有什么。"结果，老锁匠让徒弟乙继承了衣钵。老锁匠说："我收徒弟就是想把他培养成一个高超的锁匠，所以他必须做到心中有锁而无其他，

163

否则心有私念就会起贪心。"

（教师点评）各行各业都有自身的职业道德，官有官德、商有商德、医有医德、师有师德。"心中有锁而无其他"就是修锁匠的职业道德。

请四个学生朗读医生终身誓言：希波克拉底誓言。

  仰赖医神阿波罗·埃斯克雷波斯及天地诸神为证，鄙人敬谨直誓，愿以自身能力及判断力所及，遵守此约。凡授我艺者，敬之如父母，作为终身同业伴侣，彼有急需，我接济之。视彼儿女，犹我兄弟，如欲受业，当免费并无条件传授之。凡我所知，无论口授书传，俱传之吾与吾师之子及发誓遵守此约之生徒，此外不传与他人。我愿尽余之能力与判断力所及，遵守为病家谋利益之信条，并检束一切堕落和害人行为，我不得将危害药品给与他人，并不作该项之指导，虽有人请求亦必不与之。尤不为妇人施堕胎手术。我愿以此纯洁与神圣之精神，终身执行我职务。凡患结石者，我不施手术，此则有待于专家为之。无论至于何处，遇男或女，贵人及奴婢，我之唯一目的，为病家谋幸福，并检点吾身，不做各种害人及恶劣行为，尤不做诱奸之事。凡我所见所闻，无论有无业务关系，我认为应守秘密者，我愿保守秘密。尚使我严守上述誓言时，请求神祇让我生命与医术能得无上光荣，我苟违誓，天地鬼神实共殛之。

（教师点评）著名的希波克拉底誓言是古希腊时代就总结出来的医生的从业道德，在它的基础上形成的世界医学会的《日内瓦誓言》到今天还是不少国家医学院学生成为正式医师前必须宣读的。医生要有医德，其实每个职业都有其特定的职业道德规范和要求。

2. 职业生活中的基本道德规范

（1）爱岗敬业

爱岗敬业就是从业人员热爱自己的工作岗位，尊重自己所从事的职业，勤奋努力、精益求精，尽职尽责的道德操守。

请看案例：铁人王进喜。

王进喜，新中国第一代钻井工人，敬业吃苦，从未喊累。1960年5月1日，一根几百斤重的钻杆突然滚下来，砸在了在井场上指挥工人放井架的王进喜的腿上，王进喜简单包扎后，依然拄着拐杖一瘸一拐地在井场忙前忙后。为了压制住井喷，王进喜早已将腿伤抛到九霄云外，决定用水泥代替压井喷所需的重晶石粉调泥浆，可井场没有搅拌机，水泥都沉到了池底。王进喜将双拐一甩，跳进了泥浆池，用自己的身体来搅拌泥浆，腿伤剧痛难耐，整整奋战3个小时，才将危险的井喷压制住。王进喜凭着如此敬业拼搏的精神，获得了"铁人"的称号，"铁人"精神，充分体现了爱岗敬业的职业操守。

请看案例：三次被评为央视十大优秀主持人——罗京。

2003年，罗京第三次被评为"央视十大优秀播音员主持人"，他深情地表白："从事这个节目，首先应该有脚踏实地的精神，因为要日复一日重复同样的程序，保持住一种对一份工作的热情，严谨的工作状态。虽然干了这么多年，始终感到相当大的压力。我虽然干了23年，但是每天上班的时候都是如履薄冰的感觉。"而央视戏曲频道主持人白燕生评价罗京说："罗京26年无差错的播音，是用一种责任树立的职业标杆。"《东方时空》节目的主持人在曾是罗京座位的下边，翻出了一本已经被翻烂的最新版的《新华字典》。深有感触地说："边工作边学习是罗京最好的习惯。"罗京正是凭借这种几十年如一日爱岗敬业对工作极端负责的态度，在亿万观众面前塑造了一位央视主播的光辉形象。

(2) 诚实守信

诚实守信就是从业者在职业活动中应该诚实劳动，合法经营，信守承诺，讲求信誉。一旦违背了诚实守信的原则，不仅正常的职业关系遭到破坏，利益遭受损失，破坏社会公正，而且会损害个人或团体的形象，从而导致个人和社会的双输的结局。

请看案例：将假冒辅料用于制药致多人死亡。

齐齐哈尔第二制药厂在生产"国药"亮菌甲素注射液的过程中，一些人员为了私利，以"二甘醇"代替"丙二醇"。二甘醇与丙二醇的化学性质很接近，但不能用于食品和制药生产。因为丙二醇的市场缺口很大，所以价格上扬；齐二药厂采购员纽忠仁为图便宜，未向泰兴化工总厂索取资质证明，也没有到厂查看，购入假冒上吨丙二醇，并作为辅料用于"亮菌甲素注射液"的生产，最终导致多人死亡。这种以假乱真行为给社会造成了极坏的影响。

（3）办事公道

办事公道就是从业人员在职业活动中做到公平、公正、不谋私利，不徇私情，不以权害公，不以私害民，不假公济私。

请看案例："当干部，就要带头，带吃苦的头，带吃亏的头"。

16年前，在致富路上摸爬滚打7年，成为全村首富的李连成，面对全村人期待的目光，义无反顾地担起带领群众脱贫致富的重任。1991年8月，李连成当选村党支部书记。他实干苦干，带领群众发展大棚蔬菜，给大家指导技术，无偿把自己的三座蔬菜大棚转让给三个最穷的农户。任村支书16年来，他没有喝过村里一杯酒，没有乱花村里一分钱。

"当干部，就要带头，带吃苦的头，带吃亏的头。"村里办股份合作制企业，一开始只有13家入股，企业赚钱后，他耐心地做其他12个股东的工作，把价值200多万元的再生纸厂作价68万元转让给全村群众，实现了家家有股，户户分红。在新村规划建设中，李连成不顾家人的反对，拆除新建的小洋楼，把最好的宅基地让给群众，而自己选择了最偏僻的地方。

李连成常说自己有"发展瘾"。他有强烈的事业心和责任感，勤勤恳恳，任劳任怨，无私奉献。在他的带领下，全村干部群众一心一意谋发展、聚精会神搞建设，把昔日的贫困村变成了一个远近闻名的富裕村。如今，西辛庄村家家住的是小洋楼，户户烧的是天然气，村民用水、用电、看病吃药不花钱，孩子上学全免费。2004年，西辛庄村规划建设了占地3000亩的电光源工业园区，目前入区企业16家，其中资产超亿元的2个，超千万元的9个。全村工业企业总资产超过5亿元，2006年实现产值3.2亿元，利税4500万元，集体积累达到2450万元，人均收入超过9000元。李连成带领西辛庄村由贫穷走向富裕，该村先后被评为全国文明村、河南省生态示范村、中州新村。李连成也于 2001 年被评为全国优秀共产党员，2006 年荣获全国劳动模范称号。

（4）服务群众

服务群众就是在职业活动中一切从群众的利益出发，为群众着想，为群众办事，为群众提供高质量的服务。

请看案例：李素丽一心为乘客。

北京市公交总公司第一运营分公司 21 路公共汽车售票员李素丽，在 10 多年售票生涯中始终如一地全心全意为乘客服务。21 路公共汽车沿线 10 千米分布 14 个车站，李素丽一路上总是给顾客以最需要的服务：老幼病残孕，李素丽搀上扶下；"上班族"赶着上班，李素丽尽量让他们上车；外地乘客容易上错车或坐过站，李素丽及时提醒他们；中小学生天性活泼，李素丽提醒他们车上维护公共秩序，车下注意交通安全。李素丽常常累得一身汗，可她说："辛苦我一个，方便众乘客。"她也被乘客誉为"盲人的眼睛、病人的护士、乘客的贴心人、老百姓的亲闺女"。

（5）奉献社会

奉献社会就是从业人员在自己的工作岗位上树立起奉献社会的职业理想，并通过兢兢业业地工作，自觉为社会和他人做贡献。这是社会主义职业道德中最高层次的要求和最高的价值指向。

请看案例：火药雕刻大师徐立平。

徐立平从 1987 年开始，一直从事极其危险的航天动力燃料微整形工作达 30 多年。面对火药整形这一世界难题，徐立平一次次"亮剑"。火药雕刻，0.5 毫米是固体发动机药面精度允许的最大误差，而经徐立平之手雕刻的火药药面误差不超过 0.2 毫米，保持了百分之百的合格率。针对不同的发动机药面，他先后设计发明了 20 多种药面整形刀具，其中，"立平刀"获得国家专利。高强度、高难度的火药雕刻工作让徐立平的身体受到了严重的伤害，有时甚至无法行走。尽管如此，徐立平依然在这个高危岗位一站到底。

（教师点评）大国工匠徐立平日复一日雕刻火药、不怕危险和默默无闻，充分体现了可贵的无私奉献的职业精神。

3. 树立正确的择业观和创业观

就业是最大的民生，新时代大学生期盼更稳定的工作和更满意的收入，使得高校毕业生就业工作成了改善和保障民生的重中之重。但是，2020届全国高校毕业生预估将高达874万，比2019年高出40万，就业形势更加严峻，包括互联网新兴行业需求人数急剧下降，就业压力特别大。青年大学生都要面临就业的严峻现实，更应该树立正确的择业观和创业观，准确定位自己的择业、创业目标和职业生涯规划。

（1）树立崇高的职业理想

青年马克思在谈到选择职业理想时曾经写道："如果我们选择了最能为人类而工作的职业，那么，重担就不能把我们压倒，因为这是为大家做出的牺牲；那时我们所享受的就不是可怜的、有限的、自私的乐趣，我们的幸福将属于千百万人，我们的事业将悄然无声地存在下去，但是它会永远发挥作用，而面对我们的骨灰，高尚的人们将洒下热泪。"大学生在择业和创业时应该学习和追求马克思这种崇高的为全人类幸福而奋斗的职业理想。

（2）服从社会发展的需要

大学生择业和创业都要把个人的兴趣、愿望和社会的需要及现实的可能性结合起来，鼓励学生到中西部地区、到基层去工作，哪里最需要就到哪里去。毕业生结构性失业和相对性人才缺失，对办好新时代高质量本科教育来说是一个新的挑战。所谓结构性的失业就是毕业生的专业结构与市场产业结构不对称，中国传统产业结构正在向新型制造业、互联网、人工智能新兴行业和第三产业转型，高等教育专业结构必须相应地转型；同时，大学生要改变就业观，到中西部落后地区、广大农村地区去建功立业，改变经济发达地区人才饱和而贫穷落后地区人才匮乏的现状，形成人才向中西部地区流动的新格局。

请看案例，百合网创始人——清华学霸慕岩的创业观。

随着生活节奏的加快，越来越多单身男女选择相亲的方式来寻找人生伴侣，线上相亲交友应运而生。清华计算机学霸同时又是马萨诸塞大学的海归博士慕岩看到了线上相亲交友巨大的商机，并吸取了前几次创业失败的教训，利用自己的专业知识，又结合社会的需要，吸引投资 200 万元，开启了线上红娘（百合网）的创业之路。12 年后，超过 9000 万的注册用户使用他的产品，成功地促成了一对又一对年轻人走进了婚姻殿堂，使"百合网"成为中国第一婚恋服务品牌。

（3）做好充分的就业准备

知识、能力、身体与心理、道德与法律的职业素养都要做好准备，提高大学生的综合素养，练就过硬的本领，既是立身之基，又是立业之本。大学生既要向书本学习，也要向群众学习、向实践学习；只要干一行、爱一行，兢兢业业，精益求精，就一定能够创造闪光的人生。

请看视频：《郑琳琳——返乡创业的骆驼女孩》。

（4）培养创业的勇气和能力

创业是通过发挥自己的主动性和创造性，开展新的工作岗位、拓展职业活动范围、创造新业绩的实践过程。大学生要具有创业的思想准备，掌握相关的自主创业政策，要敢于创业、善于创业，还要考虑自身的创业条件、创业环境等各种现实的因素，提高自主创业的能力。

4. 自觉遵守职业道德

职业生活是否顺利、是否成功，既取决于个人的专业知识和职业技能，更取决于个人的职业道德素质。人们在职业活动中的状况，直接关系到各行各业乃至整个社会的道德状况。

（1）学习职业道德规范

引导大学生学习职业道德规范，有利于提高他们的职业道德认知能力、判断能力和树立正确的价值理念。大学阶段，青年学子既要准备职业生活所需要的知识、能力，更需要准备相关的职业规范和素养，奠定职业发展的基础。

（2）提高职业道德意识

引导大学生提高职业道德素质，自觉地把自身的职业素养内化为自身的素质，培养未来职业生涯所需要的积极进取、甘于奉献、服务社会的良好的职业道德意识。

(3) 提高践行职业道德的能力

大学生不要读死书,不能只读有字之书,更要读无字之书,通过多种途径走向社会,特别是走进西部、走进社区、走进农村,用知识和爱心为需要帮助的困难群众热情地服务,体验职业生活,获取职业经验和职业素养。

(三) 家庭美德

1. 注重家庭、家教、家风

2016年,号称"完美型"的北大学子吴某在家杀害其母并畏罪潜逃;2018年,令千万学子"羡慕嫉妒恨"的北大留美学生万某数落父母,12年离家不归;2019年,江苏句容县年仅9岁的男孩,仅仅因为不小心撞碎学校的玻璃便以跳楼自杀方式惩罚自己。这些事件既令人心痛,同时又发人深省。记者们调查发现:这些孩子的犯罪或极端行为的主要根源就在于家教不当,足见当今家教是何等重要。今天与大家分享的主题就是注重家庭、家教和家风,树立家庭美德。

家庭是社会的基本细胞,事业成功往往与美好的爱情和美满的婚姻家庭密切相关。注重家庭、注重家教、注重家风,遵守家庭美德,树立正确的恋爱观和婚姻观,处理好复杂的感情和人际关系,有利于大学生的健康成长、顺利成才。

习近平总书记2015年2月17日在春节团拜会上说:"家庭是社会的基本细胞,是人生的第一所学校。不论时代发生多大变化,不论生活格局发生多大变化,我们都要重视家庭建设,注重家庭、注重家教、注重家风,紧密结合培育和弘扬社会主义核心价值观,发扬光大中华民族传统家庭美德,促进家庭和睦,促进亲人相亲相爱,促进下一代健康成长,促进老年人老有所养,使千千万万个家庭成为国家发展、民族进步、社会和谐的重要基点。"[①]

(1) 注重家庭

天下之本在国,国之本在家,家之本在身。家是最小国,国是千万家。

---

① 习近平. 2015年2月17日春节团拜会讲话[N]. 人民日报,2015-02-17.

家庭和睦则社会安定，家庭幸福则社会祥和，家庭文明则社会文明。

"慈母手中线，游子身上衣。临行密密缝，意恐迟迟归。谁言寸草心，报得三春晖。"唐代诗人孟郊的这首《游子吟》，生动表达了中国人深厚的家庭情结。家和万事兴、天伦之乐、尊老爱幼、贤妻良母、相夫教子、勤俭持家等观念，都表明了中国人重视家庭、重视亲情。

（插播歌曲：《国家》）

家庭的前途命运同国家和民族的前途命运紧密相连。千家万户都好，国家才能好，民族才能好；国家富强、民族复兴、人民幸福，不是抽象的，最终都要落实到千千万万个家庭的幸福美满之上，体现在亿万人民生活的不断改善之上。国家好、民族好、家庭才能好；只有实现中华民族伟大复兴的中国梦，家庭梦才能梦想成真。

（2）注重家教

家教即家庭教育，是子女在家庭接受的影响和教育，家长对子女的言传身教，是一个人一生的初始化教育。家庭是人生的第一课堂，父母是孩子的第一任老师。

用良好的家教引导孩子健康成长，不仅仅关系到一个孩子和一个家庭的未来幸福，也关系到一个国家、一个民族的未来发展。孟母三迁、岳母刺字、画荻教子都是流传千古的家教典故，成就了一代思想家孟子、抗金名将岳飞、大文豪欧阳修；习仲勋和妻子齐心对孩子们从小严格要求，鼓励他们努力上进，培养了中国共产党和中华人民共和国的一代领袖习近平。

不良的家教可能会毁了孩子的幸福，甚至毁灭孩子的人生。最近热议的戛纳获奖电影《何以为家》，就是对全天下父母的一次灵魂拷问。一个特写的镜头至今难忘：一个男孩站在法庭上一字一句地对法官控诉："我要起诉我的父母，因为他们生下了我。"影片通过少年赞恩之口，控诉了那些不负责任的父母，只是给了孩子生命，却没有承担养育孩子的义务。

古人云："爱子教之以义方"，"爱之不以道，适所以害之也"（《资治通鉴》），"闺闱乃圣贤所出之地，母教为天下太平之源"（《弟子规》），"妻贤夫祸少，妻贪夫招罪"（《名贤集》）。林则徐说过："子孙若如我，留钱做什么,贤而多财,则损其志;子孙不如我,留钱做什么,愚而多财,益增其过。""养不教,父之过,教不严,师之惰。子不学,非所宜,幼不学,老何为?"(《三字经》)"父之过",过在自无、过在颠倒、过在无方、过在无心。所谓"儿孙自有儿孙福,不为儿孙做马牛"就是鼓励儿孙自立自强的体现。

如果父母尽职尽责地培养孩子,那就是在培养整个民族和国家的未来。德国教育家福禄培尔就说过:"国民的命运,与其说是操在掌权者手中,不如说是掌握在母亲手中。"苏联教育家克鲁普斯卡娅断言:"如果你在家教育儿子,就是在教育公民了,如果你在家培养女儿,那就是在培养整个民族。"

习近平总书记说得好:"家庭是人生的第一课堂,父母是孩子的第一任老师。"家长对子女的言传身教,是一个人一生的初始化教育。我们每一个人都应重视家庭教育。

怎样重视家教?

首先,对孩子进行家教要德智并重,最重要的是品德教育。目前大多数家长更多的是关心孩子的学业,注重孩子的考试分数。其实,家长们不仅仅要对孩子"教知识",更要"育品德",引导孩子们全面发展;孩子从家教中不仅仅要学会做事,更要学会做人。正如习近平总书记所说:"家庭教育涉及很多方面,但最重要的是品德教育,是如何做人的教育。"

其次,从孩子牙牙学语开始就要对孩子进行家教,帮助孩子扣好人生第一粒扣子。孩子的行为习惯、思维方式和良好品性往往从小就开始养成。习近平总书记深有感触地说:"我从小就看我妈妈给我买的小人书《岳飞传》……精忠报国在我脑海中留下的印象很深。"引导孩子扣好人生的第一粒扣子,一开始不是从学校,而是从孩子牙牙学语起。作为父母亲应该把美好的道德观念从小就传递给孩子,引导他们健康成长,成为对国家和人民有用的人。

最后,对孩子进行家教要"重言传、重身教",以身作则,率先垂范。曾国藩是中国近代政治家、战略家、文学家,一生严以律己,以身作则,深深地影响了后代子孙们的成长;其子孙后代人才辈出,约有240余人成了社会精英。民间所谓"龙生龙,凤生凤,老鼠生儿会打洞",虽然是俗语,但是话粗而理不粗，父母亲的一言一行确实能够潜移默化地影响到孩子们的成长。朱德元帅身居高位而不傲，从不搞特殊、不谋私利，形成了廉洁清正的"五心"家规，即对信仰追求要有恒心，对党和人民要有忠心，对社会主义事业要有热心，对人民群众要有爱心，忠于职守要有公心，对后代影响很大。

总而言之，全社会都应重视家教，每一个孩子的未来都是国家的希望，只有千家万户把孩子教育好，国家才能富强，人民才能幸福。

（3）注重家风

家风是一个家庭或家族的传统风尚或作风，是一个家庭的精神内核，无论对家庭成员的个人或者社会都能产生良好的影响和作用。

诸葛亮诫子格言、颜氏家训、朱子家训、李世民帝范等，都在倡导一种家风。

领导干部的家风"是领导干部作风的重要表现"；新时代领导干部都要向焦裕禄、谷文昌、杨善洲等同志学习，做家风建设的表率，带头廉洁修身、廉洁齐家，养成良好的家风。

古有包拯不顾嫂子抚育大恩，大义灭亲斩杀亲侄子；今有朱老总亲孙子朱国华1983年被康克清亲自批复"同意死刑"。

习近平总书记说过："家庭不只是人们身体的住处，更是人们心灵的归宿。家风好，就能家道兴盛、和顺美满；家风差，难免殃及子孙、贻害社会，正所谓'积善之家，必有余庆；积不善之家，必有余殃'。"

当代大学生要培养家国情怀，做到爱国与爱家相统一，把个人梦、家庭梦融入中国梦之中，自觉地培育社会主义家庭文明新风尚，实现中华民族伟大复兴的中国梦，共享家庭天伦之乐和天下太平之幸福。

2. 爱情与恋爱道德

人们常说："婚姻是爱情的坟墓。"但是，无论如何，步入婚姻的爱情，需要双方用心和智慧去经营，需要双方相互爱慕和相互包容体谅；既要用优点吸引对方，又要包容对方的缺点。恋爱是走在婚姻的路上，未必能到达婚姻的殿堂；但是爱情无疑是建立幸福婚姻家庭的前奏，恪守恋爱中的道德规范关系到未来婚姻家庭生活的幸福。

（教师在线上发布问题：究竟爱情的本质是什么？恋爱应该遵循哪些道德规范呢？共同来探讨这个常说常新的话题，现场抽取3名学生分享自己的看法）

（1）爱情的本质

什么是爱情？

黑格尔说："只折磨自己是单相思，只折磨别人是虐待狂，既折磨别人，更折磨自己是爱情。"

罗曼·罗兰指出："人生活的三大支柱是事业、爱情和友谊。"培根认为："一切伟大的人物（无论是古人，今人，只要是其英名永铭于人类记忆中的），没有一个是因为爱情而发狂的人；因为伟大的事业抑制了这种软弱的感情。"

弗洛姆认为："没有爱，人类就不能存在一天。"

泰戈尔认为："世界上最遥远的距离，不是生与死的距离，而是我就站在你面前你却不知道我爱你；世界上最遥远的距离，不是我就站在你面前你却不知道我爱你，而是明明知道彼此相爱却不能在一起；世界上最遥远的距离，不是明明知道彼此相爱却不能在一起，而是明明无法抵挡这种思念，却还得故意装作丝毫没有把你放在心里；世界上最遥远的距离，不是明明无法抵挡这种思念，却还得故意装作丝毫没有把你放在心里，而是用自己冷漠的心对爱你的人掘了一条无法跨越的沟渠。"

爱情是一对男女基于一定的社会基础和共同的生活理想，在各自内心形成的相互倾慕，并渴望对方成为自己终身伴侣的一种强烈、纯真、专一的感情。

（2）爱情的基本要素

①性爱－生理因素，异性之间的相互吸引；

②理想－社会因素，基于文化因素的相互爱慕；

③责任－道德因素，情感交往关系中的责任和义务。

（3）爱情的特征

①专一性和排他性，排斥第三者亲近对方。

②平等性，不存在占有或依附对方。

③强烈性，感情强烈，冲破束缚。

⑤持久性，内容包含于恋爱和婚后全过程。

（4）爱情的力量

一方面，由于爱情的教诲，我们的习性往往在刹那间就完全改观；它摧毁我们天性中的故障，马到成功，仿佛奇迹一般；它让守财奴立时乐善好施，胆小鬼勇不可当，粗人彬彬有礼；它让最迟钝的人心思灵活，最无知的人也能随机应变。另一方面，爱情有时候也能使人着魔，使人变得失去理智，甚至丧心病狂。

请观看视频：朗诵爱情诗《我愿意是激流》。

马克思和妻子燕妮患难与共，谱写了理想和爱情的命运交响曲。燕妮对马克思始终不离不弃，她比任何一个饱经风霜的无产者妇女都要更加忠于自己丈夫为之奋斗的那个阶级，即无产阶级。马克思说："如果有一个女人，把使别人幸福看成是自己的幸福，那这个女人就是燕妮。"当爱情两端的人都已不再年轻，当所有的新鲜都成了习惯，什么样的爱情能够保持新鲜？那就是精神上的契合。

（5）当代大学生爱情注释

①理想型。爱情是"建立在共同理想、共同生活态度基础上，具有对对方的责任感与义务感的一种崇高的感情"。"爱情是两根琴弦由于有了相同的频率而发生的共振"。

②浪漫幻想型。爱情＝男人＋女人＋玫瑰花；爱情是恋人用真情作经、浪漫做纬而编织的梦，这是一个属于两个人的童话；爱情是××向你暗送秋波时，所产生的一系列不足为外人道的感觉；爱情是一种神经毒气，它能使人变瞎、变哑、变笨，但在中毒的过程中，当事人始终认为自己是幸福的。

③责任义务型。爱是一种牺牲，爱是一种美德；爱情是男女之间相互爱慕，爱对方胜过爱自己并愿为对方牺牲的一种感情；爱是一种奉献，也是一种享受；爱情是面对面的关怀，面对面的爱。

④互诉衷肠型。爱情是"人为了摆脱一种孤独而宁愿走进另一种纠缠不

清感觉的绝好的途径";爱情是无言的倾诉、崇高的默契。

⑤逢场作戏型。爱情是一场游戏,既有玩得畅兴的时候,也有不欢而散的时候;爱情是一种跷跷板游戏,如果失去了平衡,也就失去了其中的趣味;爱情是一场游戏一场梦;爱情是一对男女对"同性相斥、异性相吸"这一伟大定理的探索和证明。

⑥生理满足型。

爱情是非法同居的遮丑布;爱情是百分之五十的生理需要加百分之五十的胡思乱想;爱情是由激素引起的条件反射与主观大脑爱慕之情的混合物;爱情是男女之间生理冲动的最高表现形式。

(6)恪守恋爱道德。真正的爱,就是要把疯狂的或者是近于淫荡的东西赶得远远的。恋爱不是占有,而是恋爱双方平等、自主、自由、文明相亲相爱;所谓只在乎曾经拥有,不在于天长地久,是男女之间一场赤裸裸的游戏,而不是真正的爱情;恋爱是男女双方培养爱情的过程,在交往的过程中双方必然接受道德的约束。

①尊重人格平等。恋爱双方人格独立,不能失去自我,应该保留神秘感;恋爱自由,关系平等。

②自觉承担责任。自愿地为对方承担责任,是爱情本质的体现。

③文明相亲相爱。恋爱双方既要相互爱慕、亲近,又要举止得体、相互尊重。

3. 树立正确的恋爱观与婚姻观

同学们好!大学生时代是人生美好的时代。大学四年既可以圆满完成自己的学业,也可以收获自己的爱情;但是爱情的艳丽花朵,要精心照料才会绽放得更加绚烂多彩;偶遇爱情就要用心呵护、倍加珍惜,用心经营爱情;走进结婚的殿堂,就要慎重理性对待,学会成家立业,必须承担责任与义务。

(1)树立正确的恋爱观

①大学生应慎重对待爱情,避免在恋爱问题上把握和处置不当。

第一,不能误把友谊当爱情。有些同学在与异性的交往中,不能准确区分友谊和爱情两种性质不同的感情体验，给双方增添许多烦恼。异性之间要理智地把握好友谊与爱情的界限，异性之间完全可以建立和保持健康的友谊。

第二，不能错置爱情的地位。有些同学把爱情放在人生最高的地位，奉行爱情至上主义，沉湎于感情缠绵之中。爱情至上观，认为爱情就是全部，为了爱情，他们可以不顾亲情，不顾工作，甚至不顾一切，全身心地投入缠绵绵的爱情之中。一旦爱情破灭，就会伤心到极点，天昏地暗。爱情至上，无爱即死，都很容易导致大学生对人生目标的误解，耽误学业和不利于学生健康成长。

第三，不能片面地或功利化地对待恋爱。无论是在自己心中勾画出一个脱离现实的恋爱偶像，还是只追求外在形象，或者只看重对方的经济条件，或者仅仅把恋爱看成是摆脱孤独寂寞的方式，都无法产生真挚的感情，也得不到真正的爱情。

第四，不能只重过程不顾后果。责任是爱情得以长久的重要保障，是坚贞爱情的试金石。自愿担当的责任，丰富了爱情的内涵，提升了爱情的境界。如果"不在乎天长地久，只在乎曾经拥有"，把爱情当成游戏，既会伤害对方，也会伤及自己。

第五，不能因为失恋而迷失人生方向。恋爱过程是恋爱双方互相熟悉和情感协调的过程，恋爱成功与失败都是正常现象。大学生应该正确对待失恋，恋爱时期双方仍然有进行考察和选择的权利。任何人不能强迫对方服从自己。一旦失恋：失恋不失德，不能转爱为恨；失恋不失态，不能消极颓废；失恋不失学，不能耽误正常的学习生活；失恋不失命，不能出现意外。

②大学生应当处理好恋爱中的各种关系。

第一，正确处理恋爱与学习的关系。大学生的主要任务是学习，既要学习专业知识，又要参加各种社会实践锻炼，培养自己的综合素养；应该引导大学生以爱情为动力，双方都要把主要精力和时间用在学习上，用在锻炼自己的能力上，正确处理爱情与学习的关系；在校期间衡量爱情质量的主要标准就是恋爱双方学习和成长进步的程度。

第二，正确处理好恋爱与关心集体的关系。恋爱双方不应该把自己禁锢在两个人的世界中。脱离集体，疏远同学，会妨碍自身的全面发展与进步。

第三，正确处理好关爱他人和关心社会的关系。虽然恋人之间的性爱把爱情与人世间的其他情感，如亲人之爱、朋友之爱或同志之谊明显区别开来，使爱情成为特殊的"情爱"。但是，只专注于对恋人的爱而忽视对他人和社会的爱，这样的爱情就会显得自私和庸俗，相反，对他人和社会具有爱心则会使爱情变得高尚和稳固，才能真正地实现爱情的升华。

（2）树立正确的婚姻观

①大学生按照婚姻法规定，可以结婚，但是对结婚成家应该持慎重、理性的态度。学习期间其独立生活的能力有限，高校在尊重大学生的法定结婚权的同时，应引导大学生正确处理婚姻与学业的关系，正确处理好经济状况与学业的关系。

②大学生要明确恋爱是两个人的事，但结婚成家是两个家庭的事，婚姻不仅代表着两情相悦，更代表责任和义务。

③大学生结婚成家更要以立业为基础，学会经营幸福美满的家庭生活。

4. 婚姻家庭及家庭美德

一个大学生事业上要取得成功，必须要有稳定的后方做支撑，这个大后方在很大程度上就是指家庭，维系和睦幸福美满家庭的主要因素就是经济因素和家庭道德因素，其中，家庭美德在维系和谐幸福美满家庭关系中具有重要而独特的功能。

习近平总书记说："尊老爱幼、妻贤夫安、母慈子孝、兄友弟恭，耕读传家、勤俭持家，知书达礼、遵纪守法，家和万事兴等中华民族传统家庭美德，铭记在中国人的心灵中，融入中国人的血脉中，是支撑中华民族生生不息、薪火相传的重要的精神力量，是家庭文明建设的宝贵精神财富。"①

（1）婚姻的本质

①婚姻与家庭的概念。婚姻是指由法律所确认的男女两性的结合以及由

---

① 习近平. 会见第一届全国文明家庭代表时的讲话［N］. 人民日报，2016 - 12 - 15.

此而产生的夫妻关系。家庭是指在婚姻关系、血缘关系或收养关系基础上产生的由亲属之间所构成的社会生活单位。

请看案例：砍树与婚姻。

有一天，柏拉图问他的老师什么是婚姻，他的老师就叫他先到树林里，砍下一棵全树林最大最茂盛、最适合放在家作圣诞树的树。其间只能砍一次，而且只可以向前走，不能回头。

柏拉图于是照着老师的话去做。后来，他带了一棵普普通通，不是很茂盛，亦不算太差的树回来。老师问他，怎么带这棵普普通通的树回来，他说："因为只可以取一棵，当我走到大半路程还两手空空时，看到这棵树也不太差，便砍下来，免得错过了后，最后又什么也带不出来。"

老师说："这就是婚姻！"

②婚姻与家庭的双重属性。婚姻具有自然属性和社会属性。前者是婚姻家庭形成发展的前提条件，后者是婚姻家庭的本质。

请同学们利用手机上网观看电影《我的父亲母亲》，电视剧《牵手》《结婚十年》。

从电影《我的父亲母亲》，电视剧《牵手》《结婚十年》中来思考：我们需要什么样的婚姻？美满的婚姻体现为家庭的幸福，而家庭的幸福才是美满婚姻的目的，因为它能彰显出婚姻的真正意义。

③婚姻法关于婚姻的含义。婚姻是以爱情为基础的法律婚；夫妻双方都要在婚姻中自立自主；婚姻中，夫妻的地位是平等的；幸福是婚姻的目标。

(2) 家庭美德

①尊老爱幼。古人云："老吾老以及人之老，幼吾幼以及人之幼。"尊重老人和关心儿童，已经成为中华儿女世代相传的道德信念。"老有所终，幼有所养"形成了尊老爱幼的良好家庭道德传统。子女要孝敬、赡养父母及长辈，父母要抚育、爱护子女，这不仅是每个公民必须遵守的道德准则，也是应尽的社会责任和法律义务。要保护老人、儿童的合法权益，坚决反对虐待、遗弃老人和儿童的行为。

请看案例：悠悠寸草心。

日本一名牌大学毕业生应聘于一家大公司。社长审视着他的脸，出乎意外地问："你替父母洗过脚擦过身吗？""从来没有过。"青年很老实地回答。"那么，你替父母捶过背吗？"青年想了想："有过，那是我在读小学的时候，那次母亲还给了我10元钱。"

在诸如此类的交谈中，社长只是安慰他别灰心，会有希望的。青年临走时，社长突然对他说："明天这个时候请你再来一次。不过有一个条件，刚才你说从来没有替父母擦过身，明天来这里之前，希望你一定要为父母擦一次。能做到吗？"这是社长的吩咐，因此青年一口答应。

青年虽大学毕业，但家境贫寒。从小父亲离世，只是母亲为人做佣拼命挣钱。一直供他读书，直到考入东京名牌大学完成学业。时至今日，母亲还去做佣，青年到家时母亲还没有回来，想起母亲出门在外，脚一定很脏，决定替母亲洗脚。

母亲回来后，见儿子要替她洗脚，感到很奇怪，青年只好将自己必须替母亲洗脚的原委说了出来，母亲很理解，便按儿子的要求坐下，等儿子端来水把脚伸进水盆里。

青年右手拿着毛巾，左手去握母亲的脚，母亲的那双脚握在儿子的手中已经像木棒一样僵硬，儿子此时潸然泪下。原来在校读书期间，心安理得地花着母亲如期送来的学费和零花钱，那些都是母亲的血汗钱。

第二天，青年如约去那家公司，对社长说："现在我才知道母亲为了我受了很大的苦。你使我明白了在学校里没有学过的道理，谢谢社长。如果不是你，我还从来没有握过母亲的脚，我只有母亲一个亲人，我要照顾好母亲，再不能让她受苦了。"社长点了点头，说："你明天到公司上班吧。"

（请学生课堂讨论）怎么看待这件事？你替父母洗过脚吗？如果没有，为什么？

②男女平等。家庭生活中的男女平等既表现为夫妻权利和义务上的平等、人格地位上的平等，又表现为平等地对待自己的子女。坚持男女平等，特别要尊重和保护妇女的合法权益，反对歧视和迫害妇女的行为。

请观看视频：《男女平等　你我同行》。

③夫妻和睦。夫妻关系是家庭关系的核心。夫妻和睦是在男女平等基础上的互敬互爱、互助互让。

请观看视频：《周恩来和邓颖超的革命爱情》。

④勤俭持家。"勤是摇钱树，俭是聚宝盆，奢懒败家门。"勤俭是家庭兴旺的保证，也是社会富足的保证。勤俭持家既要勤劳致富，也要量入为出。大学生要尊重父母劳动所得，体谅父母的辛苦操劳，在日常生活中注意节俭，尽量减轻父母和家庭的生活负担，这就是对父母和家庭最实际的贡献。

⑤邻里团结。邻里关系处理得好，可互为助手，互为依靠，得"远亲不如近邻"之利；邻里关系处理不好，矛盾丛生，纠纷不断，则会受"恶邻相向"之害。邻里团结重要的是相互尊重，尊重对方的人格、民族习惯、生活方式、兴趣爱好等，做到互谅互让，互帮互助，宽以待人，团结友爱。

（四）个人品德

个人品德是社会公德、职业道德和家庭美德的基础，而社会公德、职业道德和家庭美德是个人品德的外在表现形式。社会公德、职业道德和家庭美德建设，最终都要落实到个人品德的养成上。

习近平总书记在十九大报告中指出："深入实施公民道德建设工程，推进社会公德、职业道德、家庭美德、个人品德建设，激励人们向上尚善、孝老爱亲，忠于祖国、忠于人民。"①

1. 个人品德及其作用

（1）个人品德的内涵与特征

古人云："罪莫大于无道，怨莫大于无德。"一个人只有明大德、守公德、严私德，其才方能用得其所。

什么是个人品德？个人品德是指通过社会道德教育和个人自觉的道德修养所形成的稳定的心理状态和行为习惯。它是个体对某种道德要求认同和践履的结果，集中体现了道德认知、道德情感、道德意志和道德行为的内在统

---

① 习近平.决胜全面建成小康社会夺取新时代中国特色社会主义伟大胜利[M].北京：人民出版社，2017：43.

一；个人品德具有实践性、综合性和稳定性等特点。

（2）个人品德的作用

①个人品德对道德和法律作用的发挥具有重要的推动作用。社会道德和法律要求只有内化为个人品德，才能成为现实的规范力量。同时，个人品德提升的过程，也是能动地作用于社会道德和法律的过程，它能够为社会道德和法律的发展进步创造条件、提供动力。

②个人品德是个体人格完善的重要标志。个人品德既是个人综合素质的重要组成部分，同时又指引着个人才智等其他素质发展的方向，为个人其他素质提供直接的发展的动力。

③个人品德是经济社会发展进程中重要的主体精神力量。个人品德的提升，不但直接成为社会道德水平的有机组成部分，而且还可以通过自身的影响和带动，为社会道德更大程度的发展进步开辟道路、提供动力。

2. 掌握道德修养的正确方法

（教师在线上发布问题：大学生如何提升个人品德？请同学们展开线上交流和讨论，现场抽取3名学生分享自己的看法）

个人品德需要不断地通过道德修养加以提升。道德修养是指个人在道德意识、道德行为方面，自觉地按照一定社会或阶级的要求所进行的自我审度、自我教育和自我完善的活动。提升个人品德，应借鉴和吸纳人类历史上一切积极有效的方法，并结合当今社会发展的需要身体力行。

（1）学思并重

通过虚心学习，积极思索，辨别善恶，学善戒恶，以涵养良好的德性。

（2）省察克治

通过反省检验以发现和找出自己思想与行为中的不良倾向，并及时对它们进行抑制、克服和纠正。

（3）慎独自律

在无人知晓、没有外在监督的情况下，坚守自己的道德信念。

《礼记·中庸》曰："道也者，不可须臾离也，可离非道也。是故君子戒慎乎其所不睹，恐惧乎其所不闻。莫见乎隐，莫险乎微。故君子慎其独也。"

（4）知行合一

把提高道德认识与躬行道德实践统一起来，以促进道德要求内化为个人的道德品质，外化为实际的道德行为。

孔子说过："君子学以致其道""行义以达其道"。习近平总书记说过："道不可坐论，德不能空谈。"

（5）积善成德

通过积累善行或美德，使之巩固强化，以逐渐凝结成优良的道德品质。古人云："勿以善小而不为，勿以恶小而为之。"

3. 锤炼高尚的道德品质

习近平总书记强调："道德建设，重要的是激发人们形成善良的道德意愿、道德情感，培育正确的道德判断和道德责任，提高道德实践能力尤其是自觉践行能力。"[1]

（1）形成正确的道德认知和道德判断

面对世界的深刻复杂的变化，大学生应注重增强道德判断能力，学会理性地辨析、讲求道德，形成正确的道德认知和道德判断，最根本的就是要坚持以唯物史观的基本原理来看待道德。一方面，要客观地评估古代传统道德观和近现代资本主义道德观的进步性与局限性；另一方面，要深刻地理解社会主义道德的历史优越性和时代进步性，牢固树立中国特色社会主义道德观念。

（2）激发正向的道德认同和道德情感

大学生在道德修养中要亲近真善美，抵制假恶丑，体验道德的愉悦，追求高尚的道德。具体地说就是要自觉地涵育对家庭成员的亲亲之情，对他人、集体的关心关爱，增强社会责任感、国家认同感、民族归属感、时代使命感，陶冶道德情操。

（3）强化坚定的道德意志和道德信念

道德修养重在践行，需要磨炼道德意志，坚定道德信念，学会克服学习、生活、交往、成长中的各种困难和挫折，远离干扰、避免懈怠、战胜诱

---

[1] 习近平. 汇聚起全面深化改革的强大正能量 [N]. 人民日报, 2013-11-28.

惑，在砥砺中前行，在拼搏中进取，并做到持之以恒、久久为功，从而成就高尚的道德品质。

三、投身道德实践

"纸上得来终觉浅，绝知此事要躬行。"高尚道德品格的形成重在实践，贵在坚持。大学生投身崇德尚善的道德实践，就要向道德模范学习，培养志愿服务精神，大力弘扬时代新风，强化社会责任意识、规则意识、奉献意识。

（一）向道德模范学习

道德模范主要是指思想和行为能够激励人们不断尚善且为人们所崇敬、模仿的先进人物。学习道德模范的高尚品德和先进事迹，有利于提升全体社会成员的道德素质和社会整体道德水平。

（教师在线上发布问题：大学生如何向道德模范学习？请同学们展开线上交流和讨论，现场抽取3名学生分享自己的看法）

大学生要向道德模范学习，崇德向善、见贤思齐，弘扬真善美，传播正能量。

当代中国涌现出一批助人为乐、见义勇为、诚实守信、敬业奉献、孝老爱亲等模范，用自己的行动诠释着道德的内涵，传承中华民族道德传统，展示着道德的力量。道德模范是群众身边看得见、摸得着的榜样，是可以学、能够学的标杆。

请观看视频：《2010年榜样》。

请大家结合所看视频的内容来谈谈我们应该从榜样人物身上学习什么样的品质。

大学生要时时处处以道德模范为榜样，多做好事，多办实事，在公共场所、邻里相处、行路驾车、外出旅游等不同的场合做到崇德守礼、遵规守法，养成良好的道德习惯。

大学生向道德模范学习，从自我做起，从身边事做起，从小事做起，积极从道德模范身上获取前进的动力，做社会良知的守望者、积极传播者和践行者。

（二）参与志愿服务活动

志愿服务及其精神是什么？

志愿服务是指志愿贡献个人的时间及精力，在不求任何物质报酬的情况下，为改善社会、促进社会进步而提供的服务。志愿服务是培育和弘扬社会主义核心价值观的重要载体。

志愿服务的精神是奉献、友爱、互助、进步，其中，奉献精神是精髓。参与志愿服务活动，一方面，帮助了他人，服务了社会，推动了社会道德水平的提高；另一方面，通过尽心尽责为他人和社会服务，获得成就感、幸福感，甚至提升自己的能力。

大学生要积极投身志愿服务活动。一是到最需要的地方去，二是帮助弱势群体，三是做力所能及的事。

志愿精神与雷锋精神本质上高度统一，都是社会主义核心价值观的生动体现。大学生应该做雷锋精神的积极践行者，积极参加志愿服务活动，以实际行动书写新时代的雷锋故事，做新时代的雷锋式的先锋模范。

（播放抗"疫"战歌《大爱苍生》）

习近平总书记说："雷锋精神，人人可学；奉献爱心；处处可为。积小善为大善，善莫大焉。当有人需要帮助时，大家搭把手、出份力，社会将变得更加美好。"

（三）引领社会风尚

大学生投身崇德尚善的道德实践，要弘扬真善美、贬斥假恶丑，做社会主义道德的示范者和引领者，促成知荣辱、讲正气、做奉献、促和谐的社会风尚。

（教师在线上发布问题：大学生如何通过实践引领社会风尚？请同学们展开线上回帖，现场抽取分享）

1. 知荣辱

荣誉观对个人的思想行为具有鲜明的动力、导向和调节作用。大学生应以正确的荣辱观为指导，坚定正确的行为导向，产生正确的价值激励，助推全社会形成知荣辱的良好的道德风尚。

2. 讲正气

坚持真理、坚持原则，坚持同一切歪风邪气做斗争。大学生须有一股浩然正气，才能无所畏惧地前进，才能不屈不挠地为国家、为社会建功立业。

3. 做奉献

奉献精神是社会责任感的集中表现。奉献精神传递着社会温暖，能够拉近人与人之间的距离，建立和谐的人际关系和稳定的社会秩序，促进社会健康有序地发展。"德厚者流光"，大学生要在奉献社会中积极发光发热，使我们的社会更加美好和幸福。

4. 促和谐

民主法治、公平正义、诚信友爱、充满活力、安定有序、人与自然和谐相处的社会，是国家富强、民族复兴、人民幸福的重要保证。大学生促和谐，就是要自觉地促进自我身心和谐、个人与他人的和谐、个人与社会的和谐、人与自然的和谐，要用和谐的态度对待人生实践，推动人与人之间、人与社会之间融洽相处，实现人与自然之间和谐共生。

开展各种精神文明创建活动，就是要在全社会推动形成知荣辱、讲正气、做奉献、促和谐的社会风尚。新时代大学生是实现中华民族伟大复兴的中坚力量，要以高度的主人翁精神，积极参与各种精神文明创建活动，为家庭谋幸福、为他人送温暖、为社会做奉献，不断引领社会风尚，提升道德品质。

【思考与讨论】

1. 联系生活实际，谈谈如何理解社会公德的基本要求。
2. 大学生应当怎样理解网络生活中的道德规范？
3. 联系实际，浅谈职业道德的基本要求。
4. 大学生应当树立怎样的择业观和创业观？
5. 职业的本质内涵是什么？职业对人的价值和意义表现在哪些方面？
6. 面对当今的就业形势，你打算如何进行职业生涯设计？

7. 爱情的基本要素是什么？

8. 如何理解将亢奋态的爱情转化为常态化的亲情并坚持到底？

9. 联系实际，谈谈大学生应如何遵守恋爱道德。

10. 社会主义道德的核心和原则是什么？

11. 学生在校期间如何看待失恋？

12. 大学生应该如何处理好恋爱过程中的各种关系？

13. 怎样理解家庭美德的基本要求？新时代青年学生将怎样追求幸福婚姻？

14. 如何看待大学生恋爱同居？

15. 请观看电视剧《牵手》《结婚十年》，思考一个问题：我们需要什么样的婚姻？

16. 怎样理解个人品德的内涵与特征？

16. 你认为在现实生活中，个人品德具有哪些作用？

17. 如何理解个人品德的基本要求？请联系实际，谈谈大学生应如何提升个人品德。

18. 学生如何开展志愿服务活动？

19. 联系实际，谈谈学生应如何通过参与道德实践引领社会风尚。

【阅读文献】

1. 马克思. 青年在选择职业时的考虑 [M] //马克思，恩格斯. 马克思恩格斯全集：第40卷. 北京：人民出版社，1982.

2. 习近平. 习近平谈治国理政：第2卷 [M]. 北京：外文出版社，2017.

3. 习近平. 习近平谈治国理政：第1卷 [M]. 北京：外文出版社，2018.

4. 中华人民共和国劳动法 [M]. 北京：中国法制出版社，2014.

5. 习近平. 注重家庭，注重家教，注重家风，习近平谈治国理政：第2卷 [M]. 北京：外文出版社，2017.

6. 中华人民共和国婚姻法 [M]. 北京：中国法制出版社，2017.

7. 习近平. 在庆祝"五一"国际劳动节暨表彰全国劳动模范和先进工作者大会上的讲话 [N]. 人民日报，2015-04-29.

8. 中共中央文献研究室. 习近平关于社会主义文化建设论述摘编 [M]. 北京：中央文献出版社，2017.

9. 习近平给"郭明义爱心团队"回信 勉励他们以实际行动书写新时代的雷锋故事 [N]. 人民日报，2014－03－05.

专题十五：法律之门
——如何把握社会主义法律的本质和运行机制

【教学目的】通过本专题学习，旨在帮助学生在理解法律及其历史发展的基础上深入领会社会主义法律的本质、特征和运行机制，正确认识中国特色社会主义法律的发展规律和时代价值，不断增强建设社会主义法治国家的责任感和使命感。

【教学重点】社会主义法律的本质、社会主义法律的运行、法制与法治的联系与区别。

【教学难点】社会主义法律的本质、法制与法治的联系与区别。

【教学方法】采用线上线下混合式教学，理论讲授法、案例分析法、课堂讨论法、多媒体教学手段。

【教学元素】案例、宪法和法律条文。

【课堂讲授】

一、社会主义法律的本质与特征

（观看视频《误入传销的大学生》）

（案例点评）这些受害的大学生就是因为缺乏法律常识和法制意识，才导致误入传销组织，深陷泥潭，甚至丢了性命，因此，在校期间必须加强对大学生的法律教育，培养法治意识，学会用法律武器保护自己。

法治是现代文明的制度基石。法治兴则国家兴，法治乱则国家乱。我国社会主义法律是党的主张和人民意志的共同体现，是维护人民利益和公民权利的有力武器。学生要认真学习和领会社会主义法律的本质、特征，牢固树立社会主义法制观念。

（一）法律及其历史发展

1. 法律的含义

（1）法律是由国家创制和实施的行为规范

国家创制法律规范的方式：国家机关在法定的职权范围内依照法律程序，制定、修改、废止规范性法律文件的活动，国家机关赋予某些既存社会规范以法律效力，或者赋予先前的判例以法律效力的活动。法律具有国家强制性，表现为：国家对合法行为的肯定和保护，以及国家对违法行为的否定和制裁。但是国家强制力并不是保证法律实施的唯一力量，除此之外，还有法律意识、道德意识、价值意识和纪律意识。

（2）法律由一定社会物质生活条件所决定

物质资料的生产方式包括生产力与生产关系是决定社会发展的根本因素，对法律产生决定性影响，决定法律本质、内容和发展方向。比如奴隶制生产关系必然产生奴隶制法律。

（3）法律是统治阶级意志的体现

法律所体现的统治阶级意志具有整体性。既不是统治阶级内部个别人的意志，也不是统治者个人意志的简单相加。统治阶级不仅要求被统治阶级服从和遵守法律，而且要求统治阶级的成员也遵守法律。

总之，法律是由国家制定或认可并以国家强制力保证实施的，反映由特定社会物质生活条件所决定的统治阶级意志的规范体系。

2. 法律的历史发展

法律不是从来就有的，也不是永恒存在的。它随着私有制、阶级和国家的产生而产生，也将随着私有制、阶级和国家的消亡而消亡。

奴隶社会有着奴隶制法律，奴隶制法律是采用最极端的经济剥削和政治压迫的方式，是奴隶主阶级对广大奴隶实行统治的工具。封建社会有着封建制法律，封建制法律是封建地主阶级意志的体现，是统治农民阶级的工具，维护封建地主阶级的共同利益。资本主义法律是统治工人阶级和其他劳动人民的工具，归根结底是维护资产阶级根本利益。社会主义法律是新型的法律制度，是最广大人民群众意志的集中体现。

人类历史上最早出现的法是公元前4000多年古代埃及的法，但是这种法并没有流传下来。现在还保存的最古老的成文法是公元前18世纪古代巴比伦王国的《汉谟拉比法典》，它刻在一根石柱上，现收藏在巴黎的一家博物馆中。中国历史上最早的法，据说是公元前20世纪左右夏朝的"禹刑"，但具体内容无从考证。

（教师在线上发布问题：我们的社会中约束人们行为的规范除了法律还有道德、宗教等，它们的联系和区别是什么？请同学们展开线上交流和讨论，现场抽取2名学生分享自己的看法）

（二）社会主义法律的本质特征

我国社会主义法律与其他历史类型法律的根本区别是什么？我国社会主义的法律与其他历史类型的相同点：都是由国家制定并由国家强制力保证实施的行为规范。而他们之间的区别也是社会主义法律的本质属性：从本质上说，我国社会主义法律是中国特色社会主义制度的重要组成部分，是党领导人民当家做主的制度保障。

1. 我国社会主义法律体现了党的主张和人民意志的统一

我国是中国共产党领导下的社会主义国家，人民是国家的主人，制定法律的权力属于人民。我国《宪法》第一条开宗明义规定："中华人民共和国是工人阶级领导的、以工农联盟为基础的人民民主专政的社会主义国家。社会主义制度是中华人民共和国的根本制度。"《宪法》第二条规定："中华人民共和国的一切权力属于人民"，"人民行使权力的机关是全国人民代表大会和地方各级人民代表大会"。

2. 我国社会主义法律具有科学性和先进性

我国社会主义法律更能尊重和反映社会发展规律，具有科学性和先进性。我国法律坚持马克思主义世界观和方法论，并指导人们在法律实践中尊重和反映客观规律。我国法律适应时代发展要求，改革创新立法体制、立法程序、立法技术，使立法质量和水平不断提高。

3. 我国社会主义法律是中国特色社会主义建设的重要保障

经济发展、政治清明、文化昌盛、社会公正、生态良好都离不开社会主义法律的引领、规范和保障。

总之，社会主义法律是新型的法律制度，有着与以往剥削阶级类型法律制度不同的经济基础与阶级本质，是最广大人民群众意志的集中体现，体现了党的领导、人民当家做主和依法治国的有机结合，是中国特色社会主义事业的重要保障。

二、社会主义法律的运行

法律的运行是一个从创制、实施到实现的过程，主要包括法律制定、法律执行、法律适用、法律遵守等环节。法律制定是国家对权利和义务进行的权威性的分配；法律的执行、适用、遵守则是把法律规范转化为法律实践，把法定的权利和义务转化为现实的权利和义务。

《英雄烈士保护法》2018年5月1日起实行，维护英雄烈士尊严和合法权益。

同学们，我们来看几张图片。（教师利用课件展示图片）

同学们，这些英雄是为国家和民族做出过贡献的历史人物，理当受到后人的尊重，但是这些图片所展示的侮辱英雄的行为令人发指，《英雄烈士保护法》势在必行。

（一）法律制定——立法

法律制定是指有立法权的国家机关，依照法定职权和程序、制定规范性法律文件的活动，是法律运行的起始性和关键性环节。

全国人民代表大会及其常务委员会行使国家立法权，国务院有权根据宪法和法律制定行政法规，2018年3月，国务院机构改革方案提请十三届全国人大一次会议审议。改革后，国务院正部级机构减少 8 个，副部级机构减少 7 个，除国务院办公厅外，国务院设置组成部门 26 个。中央军委有权根据宪法和法律制定军事法规。

国务院各部门制定部门规章。省、自治区、直辖市的人大及常委会制定地方性法规。

全国人民代表大会的立法程序包括四个环节：一是法律案的提出，二是法律案的审议，三是法律案的表决，四是法律的公布。

（二）法律执行——执法

法律执行广义上是指国家机关及其公职人员，在国家和公共事务管理中依照法定职权和程序，贯彻和实施法律的活动。狭义上是指行政执法。

行政执法是法律实施和实现的重要环节，必须坚持合法性、合理性、信赖保护、效率等基本原则。

行政执法的主体包括：①中央和地方各级政府，包括国务院和地方各级人民政府；②各级政府中享有执法权的下属行政机构；③法律授权的社会组织、行政机关依法委托的社会组织。

请看案例：破窗效应。

一个房子如果窗户破了，没有人去修补，受到某些暗示性的纵容，隔不久，其他的窗户也会莫名其妙地被人打破。久而久之，这些破窗户就给人一种无序的感受，导致治安混乱。

这个理论告诉我们，有人违法，就应受到处罚，如果不严格执法，法律就不会被人们遵守，结果如同无法。

（三）法律适用——司法

司法是指国家司法机关及其公职人员依照法定职权和程序适用法律处理案件的专门活动。

在我国，司法机关是指国家审判机关和检察机关。人民检察院行使监督权，人民法院行使审判权。

司法的基本要求是正确、合法、合理、及时。

司法原则主要有：司法公正，公民在法律面前一律平等，以事实为依据，以法律为准绳，司法机关依法独立公正行使司法权等。

（四）法律遵守——守法

守法是指国家机关、社会组织和公民个人依照法律规定行使权力以及履行职责和义务的活动。守法是法律实施和实现的基本途径。一切组织和个人都必须遵守宪法和法律，任何公民享有宪法和法律规定的权利，同时必须履行宪法和法律规定的义务。

请观看视频《河南大学生掏鸟被判10年半》。

你觉得因为掏鸟被判刑10年半冤不冤？应该如何守法？

【思考与讨论】

1. 联系我国实际，说明社会主义法律的本质特征

【阅读文献】

1. 中华人民共和国宪法［M］．北京：人民出版社，2018.

专题十六：治国之器

——如何完善和发展中国特色社会主义法律体系

【教学目的】通过本专题学习，旨在帮助学生正确理解我国宪法地位和确立的基本原则，全面了解我国法律体系的构成，懂得各个法律部门及其重要法律的基本功能，深化对法治中国的制度认知，增强推动法治中国建设的实践本领，自觉地去完善以宪法为核心的中国特色社会主义法律体系。

【教学重点】正确理解我国宪法地位和确立的基本原则，全面了解我国法律体系的构成，懂得各个法律部门及其重要法律的基本功能。

【教学难点】深化对法治中国的制度认知，增强推动法治中国建设的实践本领。

【教学方法】采用线上线下混合式教学，理论讲授法、案例分析法、课堂讨论法、多媒体教学手段。

【课堂讲授】

一、宪法是国家的根本法

完善以宪法为核心的中国特色社会主义法律体系，是全面依法治国的重要内容，是建设中国特色社会主义法治体系的前提和基础。宪法是治国安邦的总章程，是党和人民意志的集中体现，是中国特色社会主义法律体系的核心，在全面依法治国中具有突出地位和重要作用。大学生理解宪法的地位、基本原则和根本制度，自觉地遵守宪法，提升依据宪法行事的能力。

请观看视频：《动画说宪法》。

（一）我国宪法的形成和发展

宪法日，你知道吗？每年 12 月 4 日为国家宪法日。

我国宪法一共经历了几次修订？最近的一次修订是在什么时候？1982 年宪法是现行宪法，曾在 1988、1993、1999、2004、2018 年五次修订。

（教师在线上发布问题：为什么要修改宪法？请同学们展开线上交流和讨论，抽取 2 名学生现场分享自己的看法）

为更好发挥宪法在新时代坚持和发展中国特色社会主义的重大作用，把党和人民在实践中取得的重大理论创新、实践创新、制度创新成果上升为宪法规定。2018 年 3 月，十三届全国人大一次会议根据党的十九届二中全会提出的建议，审议通过了《中华人民共和国宪法修正案》。

请观看视频：《新时代的宪法保障》。

（二）我国宪法的地位

我国宪法是国家的根本法，是治国安邦的总章程，是党和人民意志的集中体现。

我国宪法是国家各项制度和法律法规的总依据。宪法在中国特色社会主义法律体系中居于统帅地位，确立了社会主义法治的基本原则，具有最高的法律地位、法律权威、法律效力。

我国宪法规定了国家的根本制度，确立了中国共产党的领导地位，确立了人民民主专政的国体，确立了社会主义制度这一根本制度，确立了人民代表大会制度的政体，确立了中国共产党领导的制度，确立了基本经济制度和分配制度。

宪法的生命在于实施，宪法的权威也在于实施。不得有超越宪法法律的特权，必须以宪法为根本活动准则，违反宪法法律的行为必须追究，大力弘扬宪法精神，不断增强宪法意识。

(三) 我国宪法的基本原则

1. 党的领导原则

中国共产党是中国特色社会主义事业的领导核心，从法律上保证了中国共产党在国家中执政地位。

2. 人民主权原则

人民当家做主，国家的一切权力属于人民。

3. 尊重和保障人权原则

依法保障公民的生存权和发展权，规定公民享有的自由、依法取得赔偿的权利。

4. 社会主义法治原则

一切违法行为都应受到法律的追究。

5. 民主集中制原则

民主集中制是集中全党全国人民集体智慧，实现科学决策、民主决策的基本原则和主要途径。通过人民代表大会制度实现民主集中。

(四) 我国宪法确立的制度

1. 国体和根本政治制度

国体即国家性质，是国家的阶级本质，是指社会各阶级在国家生活中的地位和作用。人民民主专政是我国的国体。我国宪法规定："中华人民共和国是工人阶级领导的、以工农联盟为基础的人民民主专政的社会主义国家。"

人民代表大会制度是我国的政体。政权组织形式，又称政体，是指掌握国家权力的阶级实现国家权力的政权体制，是形成和表现国家意志的方式，或者说是表现国家权力的政治体制。

国体决定政体，政体体现国体。

我国宪法确立的根本政治制度是人民代表大会制度。人民代表大会制度能够保证人民广泛参加国家治理和社会治理；能够有效调节国家政治关系；能够集中力量办大事；能够有效地维护国家独立自主。

请观看视频：《这就是人代会》。

2. 基本政治制度

我国宪法确立的基本政治制度：中国共产党领导的多党合作和政治协商制度、民族区域自治制度、基层群众自治制度。

3. 基本经济制度

我国宪法确立的基本经济制度是坚持公有制为主体、多种所有制经济共同发展的基本经济制度。

二、我国的实体法律部门和程序法律部门

（一）我国的实体法律部门

中国特色社会主义法律体系构成为宪法相关法部门、社会法部门、程序法律部门、民法商法部门、经济法部门、刑法部门。

1. 宪法相关法

宪法相关法是与宪法相配套、直接保障宪法实施和国家政权运作等方面的法律规范。它包括：国家机构的产生、组织、职权和基本工作原则方面的法律；民族区域自治制度、特别行政区制度、基层群众自治制度方面的法律；维护国家主权、领土完整、国家安全、国家标志象征方面的法律；保障公民基本政治权利方面的法律。

2. 民法商法

民法是调整平等主体的自然人、法人和非法人组织之间的人身关系和财产关系的法律规范。

民法的基本原则是平等、自愿、公平、诚信、公序良俗、有利于节约资源和保护生态环境。《中华人民共和国民法总则》是我国制定的民法总则，是民法典的开篇之作，在民法典中起统领性作用。

请观看视频：《民法总则》诞生 开启"民法典时代"。

商法是调整平等主体之间商事关系的法律规范，是与民法并列并互为补充的部门法。商法的基本原则遵循民法的基本原则、秉承保障商事交易自

由、等价有偿和便捷安全。民法商法包括：合同法、物权法、农村土地承包法、婚姻法、收养法、继承法、公司法、合伙企业法、个人独资企业法、商业银行法、证券投资基金法、农民专业合作社法、证券法、海商法、保险法、专利法、商标法、著作权法、计算机软件保护条例等。

3. 行政法

行政法是关于行政权的授予、行政权的行使以及对行政权监督的法律规范。遵循的原则是：职权法定、程序法定、公正公开、有效监督。

行政法包括四大类：行政强制法、行政许可法、行政处罚法和行政复议法。具体的行政法律有：环境保护法、公务员法、居民身份证法、治安管理处罚法、教育法、义务教育法、高等教育法、科学技术进步法、文物保护法、药品管理法、传染病防治法、体育法、食品安全法、国防动员法、兵役法、国家安全法、网络安全法。

4. 经济法

经济法是国家从社会整体利益出发，对经济活动实行干预、管理或者调控的法律规范，旨在防止市场经济的自发性和盲目性所导致的弊端。经济法可分为以下几类。

宏观调控和管理：预算法、价格法、中国人民银行法等。

健全税收制度：企业所得税法、个人所得税法、车船税法等。

金融行业的安全监管：银行业监督管理法、反洗钱法等。

农业发展和国家粮食安全监管：农业法、种子法、农产品质量安全法等。

重要行业监管：铁路法、公路法、民用航空法、电力法等。

市场主体监管：反不正当竞争法、反垄断法等。

5. 社会法

社会法是调整劳动关系、社会保障、社会福利和特殊群体权益保障等关系的法律规范。

我国制定了劳动法，将劳动关系以及与劳动关系密切联系的劳动保护、劳动安全卫生、职业培训以及劳动争议、劳动监察等关系纳入调整范围，确立了我国的基本劳动制度。

（观看视频：《试用期限和工资有规定》）。

6. 刑法

刑法是规定犯罪与刑罚的法律规范。它通过规范国家刑罚权，惩罚犯罪，保护人民，维护社会秩序和公共安全，保障国家安全。

刑法的基本原则：法律面前人人平等、罪刑法定和罪刑相适应。我国刑法规定了犯罪的概念，明确了犯罪构成及其要件，规定了正当防卫、紧急避险等排除社会危害性的行为。

（二）我国的程序法律部门

诉讼法指国家司法机关和当事人以及其他诉讼参与人进行诉讼活动所必须遵循的法律规范的总称，包括刑事诉讼法、行政诉讼法和民事诉讼法。

非诉讼程序法是当事人自愿达成协议并交给非司法机构审理的一种制度，包括仲裁法、人民调解法等。

【思考与讨论】

1. 如何理解我国宪法的地位和基本原则？
2. 宪法确立的基本制度包括哪些？
3. 我国的实体法律部门包括哪些？

【阅读文献】

1. 中华人民共和国宪法［M］. 北京：人民出版社，2018.
2. 中华人民共和国民法总则［M］. 北京：中国法制出版社，2017.

专题十七：法治之路
——如何建设中国特色社会主义法治体系

【教学目的】 通过本专题学习，旨在帮助学生在理解中国特色社会主义法律体系的基础上，深入学习中国特色社会主义法治理论，把握建设中国特色社会主义法治体系的核心要义；同时引导学生深入领会中国特色社会主义法治道路，必须坚持中国共产党的领导，坚持人民主体地位，坚持法律面前人人平等，坚持依法治国和以德治国相结合，坚持从中国实际出发。

【教学重点】 中国特色社会主义法治体系的主要内容；让学生明白走中国特色社会主义法治道路，必须坚持中国共产党的领导，坚持人民主体地位，坚持法律面前人人平等，坚持依法治国和以德治国相结合，坚持从中国实际出发。

【教学难点】 把握全面依法治国的基本格局，让学生明白坚持党的领导、人民当家做主和依法治国有机统一，坚持依法治国和以德治国相结合；同时坚定走中国特色社会主义法治道路。

【教学方法】 采用线上线下混合式教学以及理论讲授法、案例分析法、课堂讨论法、多媒体教学手段

【教学元素】 习近平金句、案例、经典文献、视频。

【课堂讲授】

党的十八届四中全会提出，全面推进依法治国，总目标是建设中国特色社会主义法治体系，建设社会主义法治国家，即在中国共产党的领导下，坚持中国特色社会主义制度，贯彻中国特色社会主义法治理论，形成

完备的法律规范体系、高效的法治实施体系、严密的法治监督体系、有力的法治保障体系，形成完善的党内法规体系，坚持依法治国、依法执政、依法行政共同推进，坚持法治国家、法治政府、法治社会一体建设，实现科学立法、严格执法、公正司法、全民守法，促进国家治理体系和治理能力现代化。

一、建设中国特色社会主义法治体系的重大意义

全面依法治国，是国家治理的一场深刻革命。全面依法治国的总目标是建设中国特色社会主义法治体系、建设社会主义法治国家。其重大意义体现在以下三个方面。

（一）中国特色社会主义的本质要求和重要保障

不断完善和发展中国特色社会主义制度、推进国家治理体系和治理能力现代化，必须建设和完善中国特色社会主义法治体系。中国特色社会主义法治体系为新时代中国特色社会主义总任务的实现提供了推动力量和制度保障。

（二）推进国家治理体系和治理能力现代化的重要举措

建设中国特色社会主义法治体系，能够有效推进党、国家、社会各项事务治理制度化、规范化、程序化，能够有效提高党科学执政、民主执政、依法执政水平。

（三）全面依法治国的总抓手

全面推进依法治国，涉及立法、执法、司法、守法等方面，涉及"五位一体"总体布局各个领域，必须加强顶层设计、统筹谋划。建设中国特色社会主义法治体系是总揽全局、牵引各方的总抓手。

二、建设中国特色社会主义法治体系的主要内容

（请观看视频《监察法的诞生》）。

（教师点评）监察法是反腐败国家立法，是我国第一部对国家监察工作起统领性和基础性作用的基本法律，是党和国家筑牢的依法反腐制度基石。监察法的诞生体现了中国特色社会主义法治体系的不断完善。

（一）完备的法律规范体系

完备的法律规范体系是以宪法为核心，由部门齐全、结构严谨、内部协调、体例科学、调整有效的法律及其配套法规所构成的法律规范系统。

完备的法律规范体系坚持立法先行，重大改革于法有据，实行科学立法、民主立法、依法立法，上下有序，内外协调，科学规范，运行有效。

（二）高效的法治实施体系

高效的法治实施体系是指执法、司法、守法等各个环节有效衔接、协调高效运转、持续共同发力，实现效果最大化的法治实施系统。主要包括健全宪法实施制度，建设职能科学、廉洁高效的法治政府，深化司法体制综合配套改革，培育公民自觉守法的意识和责任感等内容。

（三）严密的法治监督体系

严密的法治监督体系是指以规范和约束公权力为重点建立的有效的法治化权力监督网络。它以有权必有责，用权受监督，违法必追究，坚决纠正有法不依、执法不严、违法不究行为等为主要任务。

（四）有力的法治保障体系

有力的法治保障体系是指在法律制定、实施和监督过程中形成的结构完整、机制健全、资源充分、富有成效的保障系统。

完善法治保障体系的重点内容包括：切实加强和改进党对全面依法治国的领导，加强高素质法治专门队伍和法律服务队伍建设，努力推动形成良好的守法社会氛围。

(五) 完善的党内法规体系

完善的党内法规体系，是指科学、程序严密、配套完备、运行有效的党内制度及其运行、保障体系。

总目标是到建党100周年时，形成比较完善的党内法规制度体系，高效的党内法规制度实施体系，有力的党内法规制度建设保障体系，管党治党的能力和水平显著提高。

三、全面依法治国的基本格局

请观看视频：《全面依法治国"新十六字方针"》。

(教师在线上发布问题：怎样看待"新十六字方针"？请同学们展开线上讨论和交流。)

(一) 科学立法

"立善法于天下，则天下治；立善法于一国，则一国治。"（王安石《周公》）

法律是治国之重器，立法是法治的龙头环节。

科学立法以完善以宪法为核心的中国特色社会主义法律体系，加强宪法实施为目标。

要坚持以民为本、立法为民的立法理念，坚持公正、公平、公开的立法原则，做到重大改革于法有据、立法主动适应改革和经济社会发展需要。

(二) 严格执法

2020年2月24日，全国人大常委会为了保护公共卫生安全和身体健康，通过了《关于禁止非法野生动物交易、革除滥食野生动物陋习、切实保障人民群众生命安全的决定》，全面禁止食用野生动物和以食用为目的的猎捕、交易和运输。

　　法律的生命力在于实施，法律的权威也在于实施。严格执法以深入推进依法行政，加快建设法治政府为目标。建设法治政府，必须做到职能科学、权责法定、执法严明、公开公正、廉洁高效、守法诚信。全面推进政务公开、决策公开、执行公开、管理公开、服务公开、结果公开。

　　全国检察机关依法履行检察职能、严格依法追诉、惩治扰乱医疗秩序、防疫秩序、市场秩序、社会秩序等犯罪行为，截至2020年3月3日，共介入侦查引导取证涉疫情刑事犯罪6428件8595人；受理审查起诉1286件1580人，审查提起公诉962件1144人，切实维护了社会稳定，为打赢疫情防控阻击战提供了有力的司法保障。

　　（三）公正司法

　　请观看视频：《21年沉冤得雪》。

　　公正是法治的生命线，是司法活动最高的价值追求。公正司法是维护社会公平正义的最后一道防线。

　　要保证公正司法，提高司法公信力，努力让人民群众在每一个司法案件中都能感受到公平正义。

　　（四）全民守法

　　"邦国虽有良法，要是人民不能全部遵循，仍然不能法治。"[①]

　　法律的权威源自人民的内心拥护和真诚信仰。

　　要弘扬社会主义法治精神，形成守法光荣、违法可耻的社会氛围。

　　要深入开展法治宣传教育，把法治教育纳入国民教育体系和精神文明创建内容。法安天下，德润人心，法治教育应从青少年抓起！

[①] 亚里士多德. 政治学 [M]. 吴寿彭, 译. 北京：商务印书馆，1965：198.

四、坚持走中国特色社会主义法治道路

党的十八届四中全会旗帜鲜明地提出坚持走中国特色社会主义法治道路。习近平总书记说:"全面推进依法治国,必须走对路。如果路走错了,南辕北辙了,那再提什么要求和举措也都没有意义了。……中国特色社会主义法治道路是一个管总的东西。"①

(一)坚持走中国特色社会主义法治道路的核心要义及其关系

1. 核心要义

坚持党的领导,坚持中国特色社会主义制度,贯彻中国特色社会主义法治理论。

2. 逻辑关系

坚持党的领导是最本质特征和最根本保证,中国特色社会主义制度是根本制度基础和保障,中国特色社会主义法治理论是理论指导、行动指南。

(二)坚持中国共产党的领导

党的十九大报告首次提出"成立中央全面依法治国领导小组"。法治建设涉及所有领域和部门,必须通盘考虑、统一规划、统筹推进。党对依法治国的领导要通过将人民的意志上升为党的决议、将党的决议上升为法律来。加强对法治中国建设的统一领导。中央全面依法治国领导小组的成立极大提高了全面推进依法治国战略的权威性和实效性,有利于全面推进依法治国战略举措的顶层设计,有助于依法执政与依法治国有机统一。

党的领导是中国特色社会主义最本质的特征,是社会主义法治最根本保证。

请大家观看视频《领航》。

---

① 人民代表大会制度重要文献选编:四[M].北京:中国民主法制出版社,2015:1827.

(教师在线上发布问题：为什么说党的领导是中国特色社会主义法治最根本保证？请同学们利用学习通开展线上讨论，现场请2个同学分享自己的意见，教师集中点评)

法是党的主张和人民意愿的统一体现，党和法、党的领导和依法治国是高度统一的。在"党大还是法大"问题上，我们就是在不折不扣贯彻着以宪法为核心的依宪治国、依宪执政，我们依据的是中华人民共和国宪法；必须把党的领导贯穿于依法治国的全过程和各方面。

我国人民民主与西方所谓的"宪政"本质上在制度基础、领导力量、权力主体、权力行使方式上是不同的。有一些人否定党对社会主义法治的领导，把党的领导同依法治国割裂开来、对立起来，声称要实行依法治国就必须像西方那样搞以多党轮流执政、三权分立、司法独立、军队国家化等为核心的所谓"宪政"。

坚持党的领导就是要坚持党领导立法、保证执法、支持司法、带头守法。

（三）坚持人民主体地位

人民是依法治国的主体和力量源泉，必须把人民当家做主贯穿到依法治国的全过程之中，保证人民的广泛参与。

人民代表大会制度是保证人民当家做主的根本政治制度，包括民主选举、民主管理、民主协调、民主监督、民主决策。

协商民主保证了人民在日常政治生活中有广泛持续深入参与的权利，包括政党协商、政协协商、基层协商、人大协商、政府协商、人民团体协商、社会组织协商。

坚持人民主体地位，必须坚持为了人民、依靠人民、造福人民、保护人民，以保障人民根本权益为出发点和落脚点。

在立法上，要保证人民的意志和利益得到体现；在法律实施上，通过法律的实施切实维护自己的合法权益。

人民权益要靠法律保障，法律权威要靠人民维护；依法治国的根本目的是实现人民幸福，尊重和保障人权；要把体现人民利益、反映人民愿望、维护人民权益、增进人民福祉落实到依法治国全过程。

3万多字的十九大报告中,"人民"二字出现203次说明了什么?人民本色,始终是奋斗的前提;人民情怀,始终是力量的源泉;把人民摆在最高位置,从人民中汲取治国理政的伟大力量。

(四)坚持法律面前人人平等

平等是社会主义法律的基本属性,是社会主义法治的基本要求。

坚持法律面前人人平等有利于增强人民群众的主人翁意识和责任感;有利于预防特权思想和各种潜规则的侵蚀;有利于贯彻执行"以事实为依据、以法律为准绳"的司法原则;有利于维护法律权威、健全社会主义法治,确保实现全面依法治国的总目标。

坚持法律面前人人平等,不分民族、种族、性别、职业、家庭出身、宗教信仰、教育程度、财产状况、居住期限等,平等享受公民权利,平等履行公民义务;违法必究,无差别地对待,坚决反对特权思想和特权现象。

反特权的核心是管住权力,让其规范运行。正如《关于新形势下党内政治生活的若干准则》所指出的:"完善权力运行制约和监督机制,形成有权必有责、用权必担责、滥权必追责的制度安排。"

(五)坚持依法治国和以德治国相结合

治国理政有两种方式:一是法治,二是德治。

请观看视频:《法安天下德润人心》。

德治不是人治,更不是无序和无法,而是更加高度自觉走向法治。习近平说:"德治和法治不可分离、不可偏废,国家治理需要法律和道德协同发力。"

坚持依法治国与以德治国相结合,最终目的是提升全民族法治素养和道德素质,在宏观上体现为构建德法统一的法治文化,微观上体现为培养公民的社会责任意识和规则意识。

推动法治和德治的相互促进,一是强化道德对法治的支撑作用,二是把道德要求贯彻到法治建设中,三是运用法治手段解决道德领域突出问题。

(六)坚持从中国实际出发

中国走什么样的法治道路、建设什么样的法治体系,必须从中国实际出发，既不能罔顾国情、超越阶段，又不能因循守旧、墨守成规，要突出法治道路的中国特色、实践特色、时代特色。

2017年6月26日，中央全面深化改革领导小组审议通过《关于设立杭州互联网法院的方案》。8月18日，杭州互联网法院正式揭牌成立，成为全国首家互联网法院。该法院诉讼全程乃至执行全部在网上进行。

学习借鉴世界上优秀的法治文明成果不是简单的拿来主义，必须坚持以马克思主义法学理论为指导，坚持以我为主、为我所用，不能搞"全盘西化"，不能搞"全面移植"。

【思考与讨论】

1. 如何理解中国特色社会主义法治体系的主要内容？
2. 怎样理解全面依法治国的基本格局？
3. 为什么说党的领导、人民当家做主和依法治国高度有机统一？
4. 如何理解依法治国和以德治国相结合？

【阅读文献】

1. 习近平. 加快建设社会主义法治国家［J］. 求是，2015（1）.
2. 更加注重发挥宪法重要作用 把实施宪法提高到新的水平［N］. 人民日报，2018-02-26.
3. 中共中央文献研究室. 习近平关于全面依法治国论述摘编［M］. 中央文献出版社，2015.

专题十八：法治之思
——如何培养社会主义法治思维

【教学目的】 通过本专题学习，旨在帮助学生准确把握法治思维的基本含义和特征，正确理解法治思维的基本内容，逐步培养法治思维，提高运用法治思维分析、解决问题的能力。

【教学重点】 帮助学生重点把握法治思维的基本含义和特征，正确理解法治思维的基本内容，正确理解法律权威及其基本要求。

【教学难点】 引导学生逐步培养法治思维，提高运用法治思维分析、解决问题的能力，自觉尊重和维护法律权威。

【教学方法】 采用线上线下混合式教学，理论讲授法、案例分析法、课堂讨论法、多媒体教学手段。

【教学元素】 案例、视频。

【课堂讲授】

2014年暑假，大学生闫某发现自家大门外的树上有个鸟窝，便和朋友王某架个梯子将鸟窝"掏了"，里面一共掏出12只雏鸟。闫某养了一段时间后把这些鸟卖了，之后他们又掏了另一个鸟窝的4只鸟。结果这16只鸟给两人带来了牢狱之灾。按闫某的说法，直到森林公安抓了自己，他才知道那些白色胎毛还没褪净的小鸟，竟然是国家二级保护动物燕隼。2015年8月，闫某和王某因犯非法收购、猎捕珍贵、濒危野生动物罪等，分别被判刑10年半和10年。此案公开后引发争议，一些人认为量刑过重。而依据刑法及有关司法解释规定，法院量刑是合理的。有动物保护协会建议，应当普及一些打破公众惯性思维的动物保护常识，告知他们身边有些动物动不得。

（教师在线上发布问题：怎样看待这件事？请同学们展开线上回帖分析此案例）

（教师点评）引导学生思考法律底线，培养法治思维，自觉地做尊法学法守法用法的模范。

一、法治思维及其培养

2014年10月，党的十八届四中全会审议通过了《中共中央关于全面推进依法治国若干重大问题的决定》。全会提出增强全社会厉行法治的积极性和主动性，形成守法光荣、违法可耻的社会氛围，使全体人民都成为社会主义法治的忠实崇尚者、自觉遵守者、坚定捍卫者。青年大学生是国家未来的栋梁，更要努力提高法治素养，培养法治思维，做遵法学法守法用法的模范。

同学们，面对轻而易举的代考英语四六级、代考课程考试、代考职称英语，你会接这个单吗？面对国外所谓"学术机构"提供巨大数额的科研基金的诱惑，你会出卖有关国家安全信息或者按照这些境外机构要求完成所谓的辱没祖宗、辱没英雄甚至辱没国家的学术成果吗？

请大家观看视频：《良知的警戒线》。

（一）法治思维的含义与特征

1. 法治思维的含义

法治思维是指以法治价值和法治精神为导向，运用法律原则、法律方法思考和处理问题的思维模式。

习近平总书记在党的十九大报告中指出："到2035年，法治国家、法治政府、法治社会基本建成，各方面制度更加完善，国家治理体系和治理能力现代化基本实现。"① 法治国家、法治政府、法治社会的建成，需要法治思维深入人心。

2. 法治思维的特征

第一，法治思维以法治价值和法治精神为指导，蕴含着公正、平等、民主、人权等法治理念，是一种正当性思维。

第二，法治思维以法律原则和法律规则为依据来指导人们的社会行为，是一种规范性思维。

第三，法治思维以法律手段与法律方法为依托分析问题、处理问题、解决纠纷，是一种可靠的逻辑思维。

第四，法治思维是一种符合规律、尊重事实的科学思维。

（二）法治思维与人治思维、道德思维的区别

1. 培养法治思维，必须抛弃人治思维

法治思维与人治思维的区别集中体现在四个方面。

第一，在依据上，法治思维认为国家的法律是治国理政的基本依据，处理法律问题要以事实为根据、以法律为准绳；而人治思维的本质是主张人高于法或权大于法，片面强调依赖个人的魅力、德性和才智来治国平天下。

第二，在方式上，法治思维坚持法律面前人人平等原则，具有稳定性和一贯性；而人治思维漠视规则的普遍适用性，按照个人意志和感情进行治理，治人者以言代法、言出法随、朝令夕改，具有极大的任意性和非理性。

第三，在价值上，法治思维强调集中社会大众的意志来进行决策和判断，是一种"多数人之治"的思维；而人治思维是个人说了算的专断思维。

第四，在标准上，法治思维以法律为最高权威，人治思维则奉个人的意志为最高权威，当法律的权威与个人的权威发生矛盾时，强调服从个人而非服从法律的权威。

---

① 习近平. 决胜全面建成小康社会夺取新时代中国特色社会主义伟大胜利［M］. 北京：人民出版社，2017：28.

2. 培养法治思维，必须正确看待法治思维与道德思维的联系与区别

新时代大学生要正确区分道德思维和法治思维的联系和区别。二者之间的联系是：道德思维与法治思维都是人们处理人与社会、人与人、人与自然之间等各种关系的重要方式和重要手段。道德是高标准的法律，法律是最底线的道德。大学生既要守住法治底线，培养法治思维又要守住道德底线，维护道德正义。二者之间的区别是：道德思维注重的是道德前提的利他性、履行的自觉性和道德评价的他律性。法治思维注重的是国家执行强制性和公正性，法律判决强调的是法律的法律条文可依性、举证性和事实性。

（三）法治思维的基本内容

1. 法律至上

法律至上是指在国家或社会的所有规范中，法律是地位最高、效力最广、强制力最大的规范。法律至上具体表现为法律的普遍适用性、优先适用性和不可违抗性。

2. 权力制约

权力制约是指国家机关的权力必须受到法律的规制和约束。习近平总书记指出："要加强对权力运行的制约和监督，把权力关进制度的笼子里。"[①]

3. 公平正义

公平正义是指社会的政治利益、经济利益和其他利益在全体社会成员之间合理、公平分配和占有。一般来讲，公平正义主要包括权利公平、机会公平、规则公平和救济公平。

习近平总书记指出："我们要依法公正对待人民群众的诉求，努力让人民群众在每一个司法案件中都能感受到公平正义。"[②]

2016年12月2日，在我国第三个国家宪法日即将到来之际，最高人民法院对聂树斌案正式做出再审判决，聂树斌无罪。聂树斌因被认定犯故意杀人罪、强奸妇女罪，于1995年4月27日被执行死刑，他的人生定格在了21

---

① 习近平. 十八届中央纪委二次全会上的讲话 [N]. 人民日报，2013-01-22.
② 习近平. 首都各界纪念现行宪法公布施行30周年大会上的讲话 [N]. 人民日报，2012-12-10.

岁。从1994年到2016年，22年后，聂树斌从强奸杀人犯变为无罪之身，聂家人终于等来了他们期待已久的判决。

公正司法是维护社会公平正义的最后一道防线。司法公正对社会公正具有重要引领作用，正义或许会迟到，但永远不会缺席！

请观看视频：《迟到的正义，依然无比珍贵》。

（请同学们利用智慧工具开展线上讨论，现场请3个同学分享自己的意见，教师集中点评）

4. 权利保障

权利保障主要是指对公民权利的法律保障，具体包括公民权利的宪法保障、立法保障、行政保护和司法保障。

5. 正当程序

程序的正当，表现在程序的合法性、中立性、参与性、公开性、时限性等方面。只有严格按照法律程序办事办案，处理结果才可能公正并具有公信力和权威性。

（四）怎样培养法治思维

在日常生活中，大学生可以通过各种途径学习法律知识、掌握法律方法、参与法律实践、养成守法习惯、守住法律底线，在学习和生活中逐渐提高法治思维能力，培养科学的法治思维方式。

二、尊重和维护法律权威

2014年10月，党的十八届四中全会审议通过了《中共中央关于全面推进依法治国若干重大问题的决定》。全会提出，法律的权威源自人民的内心拥护和真诚信仰。人民权益要靠法律保障，法律权威要靠人民维护。必须弘扬社会主义法治精神，建设社会主义法治文化，增强全社会厉行法治的积极性和主动性。

习近平总书记指出："我们要通过不懈努力，在全社会牢固树立宪法和法律的权威,让广大人民群众充分相信法律、自觉运用法律,努力维护最广大人民的根本利益,保障人民群众对美好生活的向往和追求。"①

(一)法律权威的含义

法律权威是指法律在社会生活中的作用力、影响力和公信力,是法律应有的尊严和生命。

法律是否具有权威,取决于四个基本要素:一是法律在国家和社会治理体系中的地位和作用,只有法律占主导地位和起决定作用,法律才具有权威;二是法律本身的科学程度,只有法律反映客观规律和人类理性,法律才具有权威;三是法律在实践中的实施程度,只有法律在实践中得到严格实施和遵循,法律才具有权威;四是法律被社会成员尊崇或信仰的程度,只有法律反映人民共同意愿且为人民真诚信仰,法律才具有权威。

法律权威源自人民的内心拥护和真诚信仰。我国宪法法律是党的主张和人民意志的统一体现,具有最高的权威。我们要牢固树立宪法法律至上、法律面前人人平等等基本法治观念;面对各种危害和破坏法治的违法犯罪行为,敢于挺身而出、坚决斗争,做到思想上尊法崇法,实践中守法护法。

(二)尊重和维护法律权威的重要意义

全体社会成员尊重社会主义法律权威,不仅是保证法律发挥作用的基本前提和要求,也是保障个人平安幸福的底线和红线。

尊重和维护法律权威,是社会主义法治观念的核心要求和建设社会主义法治国家的前提条件;对于推进国家治理体系和治理能力现代化、实现国家的长治久安极为重要;是实现人民意志、维护人民利益、保障人民权利的基本途径,更是维护个人合法权益的根本保障。

(三)尊重和维护法律权威的基本要求

尊重和维护法律权威是每个公民的法定义务和必备素质。就大学生而言,要在尊重法律权威方面加强砥砺,在学习和生活中积极作为,养成敬畏

---

① 习近平. 首都各界纪念现行宪法公布施行30周年大会上的讲话[N]. 人民日报,2012-12-10.

法律的良好品质，努力成为尊重法律权威、信仰法律的先锋。

1. 信仰法律

一切法律中最重要的法律，既不是刻在大理石上，也不是刻在铜表上，而是铭刻在公民的内心里。法律要发生作用，需要全社会信仰法律。如果对法律不信任，认为靠法律解决不了问题，而总是想找门路、托关系，或者采取极端行为，那就不可能建成法治社会。

2. 遵守法律

大学生参与社会活动，实施个人行为，都要以法律为依据，不得违反法律规范。在处理矛盾和冲突时，要法字当头，依法化解，谨防采取非法方式导致事态的恶化，甚至造成不可挽回的恶果。

因琐事对同宿舍同学黄某不满，2013年3月31日中午，复旦大学2010级硕士研究生林某将其做实验后剩余并存放在实验室内的剧毒化合物带至寝室，注入饮水机槽。4月1日早上，黄某起床后接水喝，饮用后便出现干呕现象，最后因身体不适入院。4月16日，黄某经抢救无效死亡。2013年4月25日，黄浦区人民检察院以涉嫌故意杀人罪对犯罪嫌疑人林某依法批准逮捕。2014年2月18日，上海市第二中级人民法院一审宣判，被告人林某犯故意杀人罪被判死刑，剥夺政治权利终身。2015年1月8日，上海市高级人民法院终审维持原判。2015年12月11日，林某因故意杀人罪被依法执行死刑。

这是一起在大学校园里发生的典型案例。案例中林某系医学专业学生，熟识所投放药品；林某在投毒之后，有多次机会告知被害人或者医生，可是他却漠然度过半个月的时间，眼看着被害人死去；林某对法律没有应有的敬畏，缺乏对生命的爱惜。生命是最宝贵的，任何理由在生命面前都显得苍白无力。大学生应当对法律常怀敬畏之心，常思敬重之情。

3. 服从法律

应当拥护法律的规定，接受法律的约束，履行法定的义务，服从依法进行的管理，承担相应的法律责任。对一切依据法律和事实作出的决定，真心接受与认可，自觉执行。

4. 维护法律

争当法律权威的守望者、公平正义的守护者、具有良知的护法者。对违法犯罪行为，要敢于揭露、勇于抵制，消除袖手旁观、畏缩不前的恐惧心理，抵制遇事回避的惧法现象。

请观看视频《高校辅导员卧底校园贷》。

我国《民法总则》第一百八十四条规定：因自愿实施紧急救助行为造成受助人损害的，救助人不承担民事责任。残疾人保障法、老年人权益保障法、未成年人保护法等法律及部分地方性法规中，也对帮扶弱者、见义勇为等社会行为予以规定，这对践行法律、弘扬正气起到了极大的推动作用。大学生要尊法守法、抑恶扬善，做新时代的护法使者！

【思考与讨论】

1. 联系自身实际，谈谈如何培养法治思维。

【阅读文献】

1. 习近平. 加快建设社会主义法治国家［M］. 求是，2015（1）.

2. 中共中央文献研究室. 习近平关于全面依法治国论述摘编［M］. 中央文献出版社，2015.

专题十九：守法之路
——如何正确依法行使权利和履行义务

【教学目的】通过本专题学习，旨在帮助学生深入领会法律权利和法律义务内涵及其关系，让学生明白应依法行使法律权利与法律义务，否则，要承担法律责任；学会妥善处理学习、生活中遇到的法律问题和各种矛盾，不断提高自己的法治素养。

【教学重点】帮助学生深入领会法律权利和法律义务内涵及其关系，让学生明白应依法行使法律权利与法律义务，否则，要承担法律责任。

【教学难点】学会妥善处理学习、生活中遇到的法律问题和各种矛盾，不断提高自己的法治素养。

【教学方法】采用线上线下混合式教学，理论讲授法、案例分析法、课堂讨论法、多媒体教学手段。

【教学元素】案例、视频。

【课堂讲授】

请大家利用智慧工具登录在线课程平台先看一个视频：《宪法赋予公民的权利和义务》。

请同学们结合视频内容展开课堂讨论和交流：什么是法律权利和法律义务？公民应该享有哪些法律权利和承担哪些法律义务？如何行使法律权利和法律义务？如何尊重别人的权利和维护自己的法律权益？

（教师点评）大学生必须明白应依法行使法律权利与法律义务，否则，要承担法律责任；只有了解相关的法律知识，才能树立正确的权利观和义务观,妥善处理学习、生活中遇到的法律问题和各种矛盾,不断提高自己的法律素养。

一、法律权利与法律义务

请看案例:"尊法学法守法用法,维护合法权益"。

武汉一酒店通过官方微信发出一篇活动推文,称网友只要集齐 80 个点赞就可以免费领取一张价值 168 元的自助餐券。商家在发布该内容的文章下,回复"没有名额限制"。当天,许多同学在朋友圈转发该文章求赞。2018 年 11 月 15 日,约 400 位中南财经政法大学学生前来兑换餐券,但酒店却不予兑换。随后,许多学生前往酒店维权并表示:"金谷酒店在微信公众号里发起活动,相当于给我们发出了一个邀约,而我们这边也承诺了,按照合同法,我们就应该有这样一张价值 168 元的自助餐券。"经警方和消协调解,酒店答应按承诺给券。

(教师点评)自觉尊法学法守法用法,要落实到依法行使权利与履行义务上。大学生应努力提高法治素养,妥善处理学习和生活中遇到的法律问题和各种矛盾,依法行使权利和履行义务。

(一)法律权利的含义与特征

1. 法律权利的含义

法律权利是指反映一定的社会物质生活条件所制约的行为自由,是法律所允许的权利人为了满足自己的利益而采取的由其他人的法律义务所保证的法律手段。

2. 法律权利的特征

一是法律权利的内容、种类和实现程度受社会物质生活条件的制约。马克思说过:"权利决不能超出社会的经济结构以及由经济结构制约的社会的文化发展。"经济社会发展了,社会财富增加了,权利才会越来越多,实现程度也才会越来越高。

二是法律权利的内容、分配和实现方式因社会制度和国家法律的不同而存在差异。同样一种权利，在不同的社会制度下和不同的国家法律中表现形式有所不同。

三是法律权利不仅由法律规定和认可，而且受法律维护或保障，具有不可侵犯性。法律权利由国家强制力保障其实现，这是法律权利区别于其他权利的根本所在。

四是法律权利必须依法行使，不能不择手段地行使法律权利。

(二) 法律义务的含义与特征

1. 法律义务的含义

法律义务是指反映一定的社会物质生活条件所制约的社会责任，是保障法律所规定的义务人应该按照权利人要求从事一定行为或不行为以满足权利人利益的法律手段。

法律义务的履行表现为两种形式：一种是作为，指义务人实施积极的行为，如子女通过经常看望和提供财物等行为履行赡养父母的义务；另一种是不作为，是指义务人不得实施某种行为，如未经许可不得公开他人的隐私等。法律义务具有法定的强制性，违反法律义务必须承担法律责任。

案例："常回家看看"入法易入心难。

2017年6月，父亲节后第一天，就在朋友圈一片晒父亲热浪中，北京房山区一位伤透心的91岁老父亲将自己的三个儿子告上法庭，只为他们不能常回家看看，照顾自己。对于不缺钱的杨老汉，他需要的是精神赡养，也就是孩子们常回家看看，还有基本的生活照料。

(案例点评) "常回家看看"已经列入《老年人权益保障法》六年，可是实施情况并不乐观。一是孝道入法，难在执行。为了让法律能落地，对于《老年人权益保障法》中"常回家看看"这一内容，各个地方纷纷出台配套的地方条例进行了强化。可现实中，通过司法途径解决问题的，毕竟少之又少。二是孝心入法，清官也难断家务事。"常回家看看"是一种道德良知，更是感情的自然流露，亲情教育才是王道。

请观看视频《老赖的"紧箍咒"》。

2. 法律义务的特点

第一，法律义务是历史的。法律义务的内容和履行方式随着经济社会的发展和人权保障的进步而不断调整和变化。

第二，法律义务源于现实需要。一个国家或地区的制度性质、历史传统、文化背景等因素，对法律义务的设定产生重要影响。

第三，法律义务必须依法设定。法律义务必须由具有法律职权的国家机关按照法律程序设定，其他国家机关不得对公民违法设定法律义务。

第四，法律义务可能发生变化。公民和社会组织承担的法律义务，在履行的过程中可能会因法定情形变更、消灭，或产生新的法律义务。

3. 法律权利与法律义务的关系

法律权利与法律义务的关系，就像一枚硬币的两面，不可分割，相互依存。没有权利，义务的设定就失去了目的和根据；没有义务，权利的实现也就成为空话。在社会生活中，每个人既是享受法律权利的主体，又是承担法律义务的主体。

首先，法律权利和法律义务是相互依存的关系。法律权利的实现必须以相应法律义务的履行为条件。

其次，法律权利和法律义务是目的与手段的关系。离开了法律权利，法律义务就失去了履行的价值和动力；离开了法律义务，法律权利也形同虚设。

最后，有些法律权利和法律义务具有复合性的关系，即一个行为可以同时是权利行为和义务行为。如劳动的权利和义务，接受义务教育的权利和义务。

法律权利与法律义务的平等，是现代法治的基本原则，是社会公平正义的重要方面。在法律权利与法律义务相一致的情况下，一个人无论是行使权利还是履行义务，都是对自己有利的。

总之，法律上的权利和义务，不能只是写在纸上的条文，要让它们成为现实中的权利和义务。大学生应当正确把握依法行使权利、履行义务的基本要求，既珍惜自己权利又尊重他人权利，既善于行使权利又自觉履行义务。

二、依法行使法律权利

请大家观看视频:《北京广场舞扰民或受治安处罚》。

(请同学们利用智慧工具开展线上讨论,现场请2个同学分享自己的意见,教师集中点评)

(一)我国宪法法律规定的基本权利

我国宪法法律规定了公民享有一系列权利,主要包括政治权利、人身权利、财产权利、社会经济权利、宗教信仰及文化权利等。

党的十九大报告指出:"有事好商量,众人的事情由众人商量,是人民民主的真谛。"公民的政治权利是公民参政议政、行使民主权利的资格与法律保障。

1. 公民的政治权利

政治权利是公民参与国家政治活动的权利和自由的统称,它的行使主要表现为公民参与国家、社会组织与管理的活动。

公民的政治权利主要包括:一是选举权与被选举权,二是表达权,三是民主管理权,四是监督权。

我国《宪法》第三十四条规定:"中华人民共和国年满十八周岁的公民,不分民族、种族、性别、职业、家庭出身、宗教信仰、教育程度、财产状况、居住期限,都有选举权和被选举权;但是依照法律被剥夺政治权利的人除外。"

什么是公民呢?公民是指具有一个国家的国籍并根据该国宪法和法律的规定享受权利和承担义务的自然人。我国宪法规定:"凡具有中华人民共和国国籍的人都是中华人民共和国公民。"

剥夺政治权利是指依法剥夺犯罪分子一定期限参加国家管理和政治活动权利的刑罚方法,包括剥夺以下四项权利:担任国家机关职务的权利;担任国有公司、企业、事业单位和人民团体领导职务的权利;选举权和被选举权；言论、出版、集会、结社、游行、示威自由的权利。

表达权是指公民依法享有的表达自己对国家公共生活的看法、观点、意见的权利。我国《宪法》第三十五条规定："中华人民共和国公民有言论、出版、集会、结社、游行、示威的自由。"

民主管理权是指公民根据宪法法律规定，管理国家事务、经济和文化事业以及社会事务的权利。我国《宪法》第二条第三款规定：人民依照法律规定，通过各种途径和形式，管理国家事务，管理经济和文化事业，管理社会事务。

监督权是指公民依据宪法法律规定监督国家行政机关及其工作人员活动的权利。一般认为，批评、建议、申诉、检举、控告是宪法法律赋予公民对国家机关和国家工作人员的一种监督权。

党的十九大报告指出："扩大人民有序政治参与，保证人民依法实行民主选举、民主协商、民主决策、民主管理、民主监督"；"完善基层民主制度，保障人民知情权、参与权、表达权、监督权"。这是对落实和保障公民政治权利具体的要求和引导。

2. 人身权利

人身权利是指公民的人身不受非法侵犯的权利，是公民参加国家政治、经济与社会生活的基础。

人身权利主要包括：一是生命健康权，二是人身自由权，三是人格尊严权，四是住宅安全权，五是通信自由权。

人格尊严主要表现为人格权，包括姓名权、肖像权、名誉权、荣誉权、隐私权。

3. 财产权利

财产权利是指公民、法人或者其他组织通过劳动或其他合法方式取得财产和占有、使用、收益、处分财产的权利，主要包括私有财产权和继承权。继承种类包括法定继承、遗嘱继承、遗赠和遗赠扶养协议。

《继承法》第十条规定了法定的继承顺序：第一顺序为配偶、子女、父母，第二顺序为兄弟姐妹、祖父母、外祖父母。丧偶儿媳对公、婆，丧偶女婿对岳父、岳母，尽了主要赡养义务的，作为第一顺序继承人。

继承顺序开始后，由第一顺序继承人继承，第二顺序继承人不进入继承。没有第一顺序继承人继承的，由第二顺序继承人继承。

4. 社会经济权利

社会经济权利是指公民要求国家根据社会经济的发展状况，积极采取措施干预社会经济生活，加强社会建设，提供社会服务，以促进公民的幸福和自由，保障公民过上幸福而又尊严的生活的权利。社会经济权利主要包括劳动权、休息权、社会保障权、物质帮助权。

5. 宗教信仰及文化权利

宗教信仰及文化权利是指公民依法享有的与宗教信仰活动和文化生活相关联的自由和权利的总称，主要包括宗教信仰自由、文化教育权等。

（二）行使法律权利的界限

依法行使法律权利要求公民行使权利时应严格依据法律进行，以法律的相关规定为界限，超出这个边界就可能侵犯到他人的权利或者损害到国家、社会的利益。

1. 权利行使的目的

公民在行使法律权利时，不仅要在形式上符合相关法律的规定，也要符合立法意图和精神，不得违反宪法法律确定的基本原则，保障权利行使的正当性。此外，行使权利不得破坏公序良俗，妨碍法律的社会功能和法律价值的实现。

2. 权利行使的限度

我国宪法规定，公民在行使自由和权利的时候，不得损害国家的、社会的、集体的利益和其他公民的合法的自由和权利。

3. 权利行使的方式

权利行使的方式分为口头方式、书面方式和行为方式，有时口头方式和书面方式可以兼用。

4. 权利行使的程序

由于一个人行使权利的过程可能就是另一个人履行义务的过程，所以程序正当原则同样适用于权利行使过程。通常情况下，行使权利的程序是法律规定的。

三、依法履行法律义务

请大家观看视频：《法治中国——全民守法》。

（利用在线课程平台发布问题，王某违反了哪项公民应履行的基本法律义务？请同学们利用智慧工具开展线上讨论和交流，教师集中点评）

（一）公民应履行的基本法律义务

1. 维护国家统一和民族团结

维护国家统一是整个社会共同体存在和发展的基础，也是以宪法为核心的整个法律制度存在的基础。同时，国家统一也是公民实现法律权利与自由的前提。

宪法和相关法律规定，禁止对任何民族的歧视和压迫，禁止破坏民族团结和制造民族分裂的行为；一切破坏民族团结和制造民族分裂的行为都将受到法律的追究。

《反分裂国家法》明确规定，维护国家主权和领土完整是包括台湾同胞在内的全中国人民的共同义务。

当代大学生应该自觉地同破坏国家统一、威胁国家公共安全的行为做坚决斗争，自觉地维护和促进民族团结。

2. 遵守宪法和法律

我国宪法规定了公民遵守宪法和法律的义务，还规定了若干具体义务，包括保守国家秘密、爱护公共财产、遵守劳动纪律、遵守公共秩序、尊重社会公德等。

3. 维护祖国安全、荣誉和利益

祖国安全是指国家的领土完整和主权不受侵犯，国家政权不受威胁。祖国安全是国家政权稳定和公民依法行使权利与自由的根本保障。

维护祖国荣誉是指国家的声誉和尊严不受损害，对有辱祖国荣誉、损害祖国利益的行为给予法律制裁。

祖国利益通常分为对外和对内两个方面。对外主要是指民族的政治、经济、文化等方面的权利和利益；对内主要是指公共利益。

国家安全法规定，公民、一切国家机关和武装力量、各政党和各人民团体、企事业组织和其他社会组织，都有维护国家安全的责任和义务。

4. 依法服兵役

我国实行义务兵与志愿兵相结合、民兵与预备役相结合的兵役制度。我国兵役法规定，每年12月31日以前年满18周岁的男性公民，应当被征集服现役。

（观看视频《5名"90后"逃避服兵役被处》）

5. 依法纳税

根据我国个人所得税法的规定，在中国境内有住所，或者无住所而在境内居住满一年的个人，从中国境内和境外取得的所得，依法缴纳个人所得税。

（观看视频《税务部门查到范冰冰偷逃税问题》）

（教师点评）在普通人拿着几千元月工资仍然依法纳税的情况下，明星拿着天价片酬却偷逃税款，显然是一种极端严重的税负不公平。范冰冰补缴税款及缴纳罚款共计8.83亿元，这一事件是一场生动的税收普法教育。通过这个案例，大学生要认真学习依法纳税方面的法律知识，提高自身的法律素养。

（二）违反法定义务应承担的法律责任

公民未能依法履行义务，根据情节轻重，应当承担相应的法律责任。具体的法律责任主要包括民事责任、行政责任和刑事责任。

民事责任是指由于违反民事法律规定、违约或者由于民法规定所应承担的一种法律责任。民事责任主要是财产责任，也可以是以人身、行为、人格等非财产责任。民事责任主要是补偿性的。在法律允许的条件下，民事责任可由当事人协商解决。

行政责任是指因违反行政法或因行政法规定而应承担的责任。对行政违法者的制裁包括行政处罚和行政处分。

刑事责任是指行为人因其犯罪行为所必须承担的由国家司法机关代表国家依法所确定的否定性法律后果。

根据我国刑法的规定，刑事处罚包括主刑和附加刑两部分。主刑的种类包括管制、拘役、有期徒刑、无期徒刑、死刑，适用规则为只能独立适用，不能附加适用；附加刑的种类包括罚金、剥夺政治权利、没收财产，适用规则为既可以独立适用，也可以附加适用。

【思考与讨论】

1. 如何正确理解法律权利与法律义务的关系？

【阅读文献】

1. 习近平. 加快建设社会主义法治国家［J］. 求是，2015（1）.
2. 中共中央文献研究室. 习近平关于全面依法治国论述摘编［M］. 中央文献出版社，2015.

后 记

  本书是湖南省芙蓉教学名师陈若松教授带领教学团队全面探索"新时代高校思政课'一体五化'教学改革研究"最重要的阶段性成果之一；针对"思想道德修养与法律基础"的教学特点和要求，采用线上线下混合式教学方法，以专题形式，精心地对"思想道德修养与法律基础"进行线上线下混合式教学设计，并且在实践中取得的成效非常明显，获得了业界的高度评价和一致肯定。我校"思想道德修养与法律基础"，2018 年立项为湖南省精品在线开放课程，2019 年获批湖南省线上线下混合式教学一流本科课程，2020 年获批首批国家级线上线下混合式一流本科课程。

  本书写作总共分为十九个专题，具体写作任务分工："专题一：时代重托——如何做担当民族复兴大任的时代新人"，陈若松；"专题二：固本铸魂——为何要开设'思想道德修养与法律基础'"，陈若松和陈艳飞；专题三："人性之谜——如何认识人的本质"，陈若松；"专题四：人生之辨——如何认识人生观"，陈若松和陈艳飞；"专题五：人生之求——为何树立正确的人生观"，陈若松和陈艳飞；"专题六：青春无悔——如何创造人生价值"，陈若松；"专题七：精神之钙——如何坚定理想信念，放飞青春梦想"，陈艳飞和陈若松；"专题八：复兴之魂——为何实现中国梦必须弘扬中国精神"，陈若松；"专题九：家国情怀——如何做新时代的忠诚爱国者"，陈艳飞；"专题十：时代强音——如何让改革创新成为青春远航的动力"，陈艳飞和陈若松；"专题十一：价值引领——如何培育和践行社会主义核心价值观"，陈艳飞和陈若松；"专题十二：德性之思——如何理解道德的起源、本质和功能",陈若松;"专题十三:传鉴之道——如何吸收和借鉴优秀道德成果",陈艳飞;"专题十四:崇德向善——大学生如何自觉做到明大德守公德严私德",陈若松和陈艳飞;"专题十五:法律之门——如何把握社会主义法律的本质和运行机制",江轶;"专题十六:治国之器——如何完善和发展中国特色社会主义法律体系",江轶;"专题十七:法治之路——如何建设中国特色社会主义法治体系",江轶;"专题十八:法治之思——如何培养社会主义法治思维",江轶;"专题十九:守法之道——如何正确依法行使权利和履行义务",江轶。

特别感谢教育部示范马克思主义学院和优秀教学科研团队建设项目重点选题课题组即"行业类院校思想政治理论课建设研究"(项目批准号:16ZDSZK020)、2015年湖南省社科基金项目课题组即"湖湘红色教育资源库的建构体系研究"(编号:15YBA122)、2020年度中共湖南省委宣传部政研会重点调研课题组即"新时代高校思政课教学与网络技术深度融合研究"(湘政会字〔2020〕3号文件)、湖南省中国特色社会主义理论体系研究中心湖南工业大学基地、湖南省党的创新理论研究湖南工业大学基地、湖南省芙蓉教学名师陈若松工作室和湖南工业大学思想政治理论课陈若松名师工作室的悉心指导和大力支持。此外,本书在编写过程中听取、参考和吸收了许多专家和学者的研究成果,在此一并表示衷心的感谢!

由于时间仓促和水平有限,疏漏和不足之处在所难免。希望广大读者不吝批评,多提宝贵意见,以便日后充实与完善。

陈若松
2020年11月